LEARN IN ORDER TO PRACTISE

恶补经济学的第一本书

刘文秀◎著

中国法制出版社
CHINA LEGAL PUBLISHING HOUSE

PREFACE 序言

懂经济学的人，就像是在生活中多了一个贴身的精算师，能够从混乱的经济现象中，一眼看穿隐藏在背后的经济学本质，并最终做出最优的选择。

懂经济学的人，就像是在身边聘请了一个免费的理财顾问，能够从各种投资陷阱中寻找到真正的机会，将钱放到最有增值空间的地方。

经济学是一门教你如何让自己更有“钱途”的学科，掌握了各种经济学技巧，首先可以帮你解答困惑，其次可以帮你更深刻地了解经济社会。

你是否困惑，房价怎么会在一夕之间暴涨到如此地步？你是否困惑，股市怎么会在一夜之间大起大落？你是否困惑，赚到手里的工资为什么越来越不够花？当你因为这些经济问题产生内心的困惑时，你是否想过，自己需要恶补一下经济学知识了呢？

这是一个到处都要用到钱的世界，这是一个处处都需要经济学知识的世界，你可以不成为能够在经济领域指点江山的经济学家，但是却不能不让自己多了解一些经济学常识，要知道“知己知彼，百战不殆”，你只有了解了经济学，哪怕只是略懂皮毛，才不至于掉进别人设好的经济陷阱里。

学习掌握一些与生活息息相关的经济规律，你就等于练就了一身防身术，为自己在经济领域买了一份保险。

经济学是一门经世致用的实用科学，而不是只有经济学家才配研究的高深学问。经济学隐藏在我们生活中的每一角落，与我们的社会生活密切相关。即使是世界上最著名的经济学家，他们的研究对象也始终是围绕着我们的现实生活展开的，说得远一点它可以是政策制定者拿出“经国济世”的大谋略，说得近一点就是普通老百姓一家一户数着手里越来越“不是钱”的工资精打细算的小计划。

所以，经济学离我们并不遥远，它极其普遍地存在于我们的日常行为中，也许连你自己也不知道，其实在生活中你也经常会扮演一些经济学家的角色，有意无意地运用一些由经验得来的经济学规律进行购物选择和商品取舍，无论你是在商场消费，是在金融机构投资理财，还是坐在公司里谈判、营销、管理，甚至是在经营人际交往、职场竞争、婚姻生活等，都实实在在地存在一些值得深究的经济活动，相信你能够掌握这些融入我们生活中的经济学规律，成为一个生活达人、理财达人、交际达人。

然而，忙碌的生活使你不能真的去求助课堂，此时，你便需要一本书，一本翻开便可以帮你补足经济学基础知识的书。但当你来到书店，面对卷帙浩繁的经济学书籍，看着曼昆、斯蒂格利茨等经济学家的专著时，你是否感觉到望而却步？你是否觉得，学点经济学怎么这么难？简单一点的经济学真的就没有吗？就不能给我们一本既通俗又有趣的经济学书籍吗？

本书不同于以往的经济学书籍从头到尾灌输繁杂知识点，而是采取一种直接的形式，指出读者在日常生活中面对各种经济现象所产生的困惑，并对这些现象进行经济学的阐述，用诙谐轻松的语言加以讲解，力图用最直接而简单的方式，让读者能够迅速掌握并运用经济学知识。

当前，我们已经进入了一个信息膨胀的时代，靠着过去个人在实践中一点点地积累经验已经过时，现代社会需要人更快更好地适应变化的现实。我们所面临的经济现象也是日新月异、千变万化，在这种情况下，如果能够掌握经济学的一些基本知识和思维方式，对于读者来说无疑是很有益处的。

本书旨在能够将真正的经济学道理传授给读者，并期盼着能够与读者进一步地交流。如果读者读懂了本书，并能学以致用的话，那不仅是读者的收获，也将是本书作者莫大的荣幸。

CONTENTS | 目录

第一部分 经济学的基本原理

第三课 市场——经济学是怎么发挥作用的

第四课 博弈——博弈智者就是经济强者

第二部分 经济学是生活法宝

第五课 经济学在投资领域的运用

E C
C N
O
1 经济学的基本原理
M I
C S

第一课

价值——什么最值钱，何时最值钱

决定供给与需求的均衡价格

青菜和肉哪个更贵？不同的年代有不同的答案。在人人为吃饭这件事而发愁的 20 多年前，相信大多数人都为能吃上一顿肉而喜笑颜开。然而在人们日益注重养生的今天，青菜似乎才是饭桌上的宠儿。菜可能有一天会比肉贵，这将是老一辈人做梦都想不到的。

有果就有因，任何现象背后，都是一种规律在对其进行支配。从经济学角度来说，青菜价格上涨，是供求关系变化后的结果。受自然条件的制约，总有青菜产量较低的年份。物以稀为贵，菜量减少，价格势必会上涨。还有一些专门钻市场“空子”的大商贩，借机大规模收购青菜，大幅获利。

而高价进菜的零售商，也只好无奈地将价格成本转移到消费者身上。这样就造成了青菜短期之内价格虚高。供求关系的改变，导致了青菜价格的调整。看似是天灾，实则更是一场“人祸”。

为什么青菜越来越受到人们的追捧呢？因为人们吃饱穿暖之

后，开始追求身体健康了。由于饮食结构的单一，各种应酬的增多，高血压、高血脂、糖尿病等“富贵病”开始成为困扰人们的元凶。更有一些爱美人士，为了追求身材的完美，终身奉行素食主义，这也从一定程度上刺激了青菜的需求量。

随着青菜“江湖地位”的提高，其形式也得到了大大的创新，有机蔬菜、天然蔬菜的培植，也花去了不小的成本。所以青菜贵了，并不奇怪，而猪肉为什么却便宜了呢？

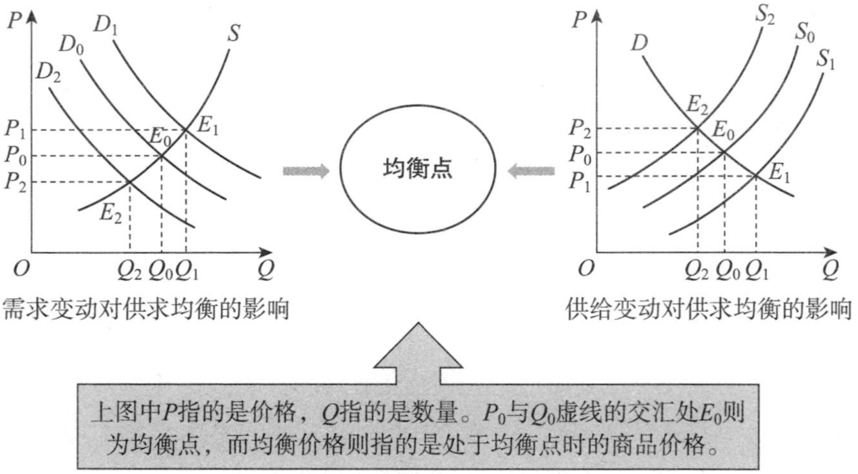

简单的供需曲线

众所周知，猪肉是日常需求量最大的肉种，在肉类中性价比很高。猪本身饲养起来很容易，投入低、产出高、周期短，是养殖专业户的首选。农民都去养猪了，留下来种菜的自然就少了。青菜的产量下降，猪肉的产量持续上升。所以，前面提到的现象就出现了。

这种现象，在经济学中叫作均衡价格。

均衡价格就是指商品的供给曲线与需求曲线相交时的价格，其实指的就是商品的供求量与需求量相等时的价格。市场价格高于均衡价格，市场需求量下降，造成供过于求的现象，市场价格就会随之下降，反之亦然。

均衡价格，这四个字听上去虽然颇为高深，但用于日常生活中其实非常通俗易懂。逛商场买衣服的时候，除非商品标明禁止议价，否则买卖双方都会在进行一轮讨价还价后，才能达成交易。追求收益的最大化，是商家的天性，定价的学问也就体现在这里；而消费者追求的则是高性价比，即花最少的钱，买到最好的东西。

买卖双方协商过后，通常会在某一个价格上达成一致，而这个价格就是我们所说的均衡价格。

市场价格如果高于均衡价值，商品就会出现供过于求的情况。那些产量过多的商品，则会根据其类别的不同被聪明的商贩妥善处理。拿水果为例，应季水果产量过剩时，一部分商家往往将其冷藏，以备反季时高价售出。而另一部分商家则会将其低价售出，价格甚至低到超出消费者的预期。

于是，新一轮的销售高峰来临。见购买者人数开始激增，商家酌情将其价格调高。价格虽然不断高低起伏，但最终仍向均衡的方向变化发展。

因此，买卖双方，只有自发地将市场价格向均衡价格不断贴近，才能保全双方利益，规避掉商品价格上下浮动时给双方带来的损失与压力。价格调节有快有慢，这在不同市场上有不同体现。一件商品的过剩与短缺也只是暂时的，所以，无须抱怨，只要耐心等待均衡价格的出现即可。

喜欢看演唱会的人可能深有体会。演唱会开始售票时，主办方为了收回各项成本，往往将价格定得十分高昂。通常，经济能力一般的市民占据着社会中的大多数。门票定价过高，势必只有少数人才负担得起，这就导致了主办方总体营业额的下降。

为了收回成本并赢得利益，主办方决定调低门票的价格。但如果价格过低，也会出现问题：门槛低了，买的人多了，但座位毕竟有限，还是不能提高营业额，甚至连成本都无法收回。

问题来了，如何定价才能在不损害主办方利益的前提下，满足广大市民的购买欲望呢？于是，均衡价格的重要性再一次凸显了出来。只有在门票的需求和供给之间找到一个双方都能接受的平衡点，问题才会迎刃而解。而这个平衡点，指的就是均衡价格。

在这里，我们可以进行一轮假设。如果演唱会门票的均衡价格是200元，那么，低于200元出售时，市民会因其价格低廉，纷纷赶来抢购，门票因而供不应求。同时，如果主办方将门票价格升至1000元，超出了大多数市民的购买能力，又会有供过于求的现象发生。主办方既想让演唱会座无虚席，又不想让自己赔本，就不得不重新调整一下供需间的差额。而调整的原则，无外乎就是向均衡价格靠拢。

每个人心中都会对所要购买的商品进行价格预估，这是随着社会不断发展，人所进化出的本能。价格过高或者过低，都会对买卖双方带来不便。因此，尊重规律，才不失为明智之举。这里，规律指的是市场调节的规律，而并非大自然法则或人为干涉。

价格不是天生就有的，是随着市场供求双方的竞争而产生的。均衡价格的形成，自然是市场调节作用的结果，是自发产生的。大家必须注意的一点是，在均衡价格的形成过程中，如受到垄断力量或国家的干预，产生的价格，并不能体现市场规律，也就不是均衡价格。

沉没成本和机会成本

例如，我们在整理衣服的时候经常会看到一些食之无味，却又弃之可惜的“鸡肋”款式，这类衣服通常价格不菲，一时还舍不得丢弃。有时候，我们干脆还会将其穿在身上，仿佛只有这样才觉得自己可以最大限度地减少损失。

再如，你去电影院看电影，看到一半，突然觉得电影好无聊，但票钱已经付过了。无论你看与不看，钱都已经支付出去了，不可能再退还给你。这部分支出，就叫沉没成本。沉没成本与可变成本经常作为经济学领域的一对反义词出现。可变成本指的是能够改变的成本，并未构成既定事实的支出。

沉没成本对我们的日常生活，可以说影响巨大。它在不知不觉间，左右着我们的选择，也影响着很多事情的发展。比如，热爱旅行的你，在朋友的推荐下报名了一家旅行社，到了目的地后，才发现旅行社安排的旅行内容并不是自己喜欢的。而且，该旅行社提供的住宿及伙食也不如宣传的那么好。

这时，摆在你面前的有两种选择：要么，立即打道回府；要么，硬着头皮接受旅行社的安排。通常，大多数人会选择后者，理由是，钱都已经花出去了，不玩的话岂不是浪费了？在这种心态的推动下，哪怕为期不长的行程一如传言所说“上车睡觉，下车拍照，中间什么都不知道”，你也还是不得不强颜欢笑。

说到这里，有的人不禁要问了，在做出决策时，是否应考虑沉没成本呢？对于经济学家来说，答案是否定的，即不应该考虑沉没成本。因为，当下的感受远比已经付出且无法收回的沉没成本重要得多。

拿看电影来说吧。你花了钱，买了票，找了个角度不太好的位置。周围观影的人，不仅全程电话打扰，还无道德地剧透；电影情节也十分拖沓，跟宣传的效果完全不匹配。对此，你失望透顶。这时，你需要立即做出判断，是果断离开，还是忍受煎熬，是甘愿损失掉已经支付的沉没成本，还是为此付出更多代价？离开，损失的只是电影票钱；不离开，受的简直就是冤枉罪。

沉没成本无时无刻不存在我们的生活中，以致我们的很多行为都受到了它的制约。如果你已经参与到一项投资当中，已经投入了50万元，眼看项目收益在下降，是定然不舍得立马放弃的。于是，接下来，你又损失掉了100万元、200万元。

其实，这些都是一个正常人所能做出的正常反应，属于人之常情。投资失利或选择错误，是时有发生的，如果因为一次错误的决定，就扼杀掉更多的可能，这是最不应该发生的。

已经过去的，就让它过去；还未到来的，我们要双手去拥抱。过于考虑沉没成本，反而会失去理性的判断，从而再次失去机会成本。

说到机会成本，大家应该不会觉得陌生。清华大学经济社会数据中心常务副主任李宏彬曾说过："成本有很多，经济学家认为有两大类，一类是直接成本，孩子需要上学、结婚，需要买房，父母得花钱；还有一类更重要的就是机会成本，就是养孩子父母要付出时间，尤其是女性，而过去50年女性的教育水平、工资水平在迅速上升，上升的结果是什么呢？影响了整个社会。"

作为学生，不可能同时上体育课和数学课；作为上班族，不可能在上班时间为两家公司打工；作为企业老板，不可能一个时间见多位客户。既然人不能同时做多件事，一定时间内，只能选择做一件。那么，选择的结果就显得尤为重要了。

有选择，就有放弃；有放弃，就会有成本。我们往往将这些成本称为“机会成本”，因为选择了一个机会的同时，你放弃的是另一个机会。

热播剧《小别离》的主人公是正值青春期的朵朵，为了让她的学习成绩有所提高，其父母可谓是无所不用其极。最终，在一次又一次与学习及家庭的对抗后，朵朵患上了考试焦虑综合征。

眼下，摆在她面前的是两个选择，要么出国留学，不过要先考过托福，还要顺利办下签证；要么参加中考，但要克服考试焦虑综合征。眼看着时间越来越少，孩子的精力也有限。朵朵和她的父母必须要做出取舍。

选择出国，有可能到头来竹篮打水一场空；选择中考，她的情况又不甚乐观。最终，全家人还是选择不遗余力地支持她出国读书。

出国读书和留在国内上学，这两件事对她来说，无疑都是有意义的。无论选择哪一种，一旦成功，都会有一个好的结果。因此，机会成本在这里指的就是那些有意义的事情，而毫无意义的事情根本就称不上是机会成本。

机会总是留给那些有准备的人，要么在机会到来前储备丰富的经验，要么在机会到来后付出相应的努力，反之，即便机会来临也很难抓住。成功不是偶然，是一次又一次努力的结果。为了成功，为了抓住一个个可能带来成功的机会而付出的努力，也是机会成本的体现。

抓住一个机会，可能意味着就要放弃另一个机会。两手抓，两手都要硬，对于很多人来说，都有技术上的难度。想做好一件事，就要心无旁骛，专心致志。赌博需要赌资，钓鱼需要诱饵，什么都不想付出，往往什么也不会得到。

机会成本这一概念可以应用到投资、经营、求职甚至择偶等任意一个领域中。但要注意以下两点：第一，面临选择时，不要优柔寡断，在你犹豫不决间，两个绝好机会可能都会损失掉；第二，已经选择好，就不要再去后悔，你需要考虑的是如何做好这件事。不害怕，不后悔，理性选择，才能将事情做好。

风险收益理论：收益越高，风险越大

大家都知道钱可以生钱的道理，但怎样才能做到呢？那就只有一个办法了——投资。众所周知，投资有风险，入行需谨慎。但又有经济理论告诉我们说，风险和收益总是成正比的，风险越大，收益也就越大。在我们的日常生活中，事实真的是这样吗？

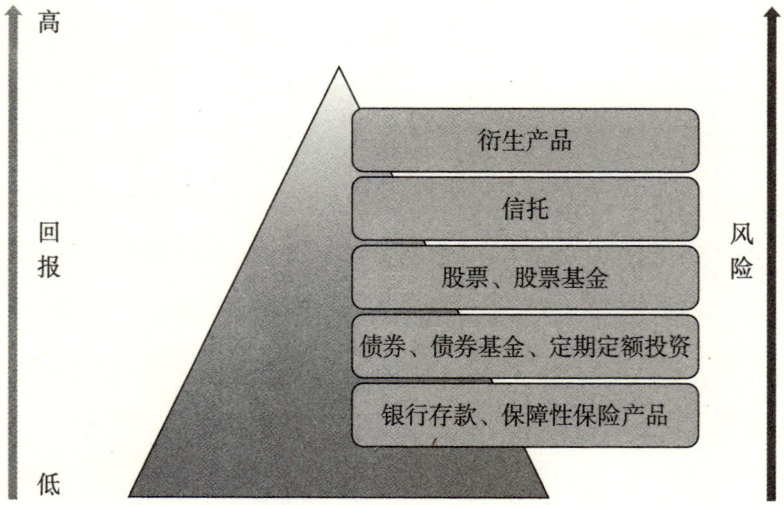

国内不同种类基金投资的收益风险对比

大家一定都喝过蜂蜜，蜜蜂每天辛勤地采蜜，冒着最大的风险。但最终蜜蜂的所得却都给了养蜂人，自己只享有其中很小的一部分。在这里，风险和收益成正比吗？

再来听一个故事。

有一间屋子，在装满了黄金的同时也装满了炸弹。有三个探险家，从外面冲了进来并抱走了屋子里的三袋黄金。事后，有好事者询问他们："屋子里装了炸弹，你们不害怕吗？"

第一个人听后愣了，许久才平复："啊？屋里有炸弹，我怎么不知道？"第二个人说道："害怕呀，所以我在装黄金的时候才格外谨慎，吓得我一身冷汗。"第三个人不急不慢地说道："当然不害怕，因为我知道它何时会爆炸。"

在这三个收益相当的人中，谁的风险最小？显然是第三个人。别小看这个故事，如果放在生活中，可以找到的例子数不胜数。第一种人，通常就是我们所说的初生牛犊不怕虎，所谓无知者无畏的人。他不了解风险，就贸然行动，这种做法是很不可取的。而真正的投资者，应该向第三种人学习。他清楚地知道风险所在，也懂得如何规避风险。在这种前提下，他的投资才会在冒着风险的同时获得收益，或者凭借着对形势的正确把控达到降低风险的目的。

所以说，风险越大，收益越大只是一个理论，这个理论的实现需要一个前提，那就是每个人接触的信息一样，对风险的把控能力也一样。

大家是否经常听到一些投资老手在酒桌上吹嘘："我跟你们说啊，还真别羡慕我有今天，我的钱只有我能赚得，你们都赚不得。"

那么，我们现在思考一下，为什么这个钱别人赚不得呢？换句话说，他的言外之意就是这笔钱的风险特别大，你来赚就会死于风险；而我来赚，就知道如何规避风险并从中获益。

风险越大，收益越大。这句话和古代“不成功便成仁”有些类似。在冷兵器时代，国与国之间发动战争，冲在最前面的那个人往往被杀死的概率最大；但如果战争取得了胜利，他又幸存了下来，那么他自然要记头功。

托宾是耶鲁大学经济学教授，也是1981年诺贝尔经济学奖的获得者，他曾阐述过对风险收益关系的理解。针对两者之间的关系，他向投资者提出了一个理性的建议。

他在一本经济学著作中这样说道：“各种风险资产在风险资产组合中的比例与风险资产组合占全部投资的比例无关。这就是说，投资者的风险决策包括两个决策：一个是将多大的资产比例放到风险资产投资中，另一个是投资于风险资产的资金在各种风险资产之间如何分配。”

托宾之后也得出了一个通俗易懂的结论：如果想要获得超额的收益，就必须做好迎接挑战和风险的准备。但同时要注意一点，高风险的背后往往并非高收益。高风险意味着不确定性，它的背后可能是收益，也可能是亏损，甚至是致命性的损失。对于任何人来说，想要实现利益最大化，一方面要敢于冒险，另一方面也要善于冒险。

一家做空气净化设备的企业，如今设备和产品都有了，却缺少销售渠道。不少行业报告还预测当年空气净化器能热卖。于是这家企业向银行贷款，希望能够通过多打广告促进销售。银行问其是否有抵押，企业回答：“我的厂房是租的，设备已经抵押过一次了。

而抵押的钱都用来引进设备进行生产了。”在这种情况下，银行断然不能放贷，因为存在的风险太大了，于是银行工作人员摇了摇头，表示拒绝。

几个月后，该企业生产的空气净化器竟然在市场上热卖了起来，为什么？银行怎么也想不通。这是因为，这家企业被一家电器连锁零售公司并购了。显然，零售公司更加熟知哪些商品会热卖，本身又有销售渠道。在产品质量达标的情况下，只要一个柜台就能解决问题，还省去了中间的广告费，可谓是一本万利。

在这里，同样是面临着高风险，零售企业就可以创造高收益；而这笔钱，银行却赚不了。

众所周知，卖报纸的风险几乎为零，但收益也很小；反之，炒股收益非常大，却时刻要面临着坐牢乃至生命危险。将存款存入银行，可能十几年、二十几年都不如投入股市赚得多。但放入股市有可能让你的毕生积蓄一夜之间就化为泡影。

高风险换取高收益，其实是存在一个概率问题的。所以，也就可以理解风险和收益就像硬币的正反面，或“双刃剑”，利弊都是相对而言，相互作用的。

风险和收益是成正比的，投资有风险也有收益，但不是风险越高收益就越高的，风险和收益成正比是一种理论上的概率问题。

让人选择克制欲望的“延迟折扣”

关于延迟折扣这一概念，我们其实并不陌生，生活中总能遇到。

比如，我们在某团购网上打算定个外卖，付款的时候却发现一分钱也没便宜，并且显示转发分享才能领取红包。而这一红包只能用于下一次订餐。再如，我们去饭店吃完饭打算结账走人的时候，商家往往会给我们一堆代金券，限定每次只能使用一张，面额一般都不会超过 20 元。而这些代金券就属于我们所说的延迟折扣。

延迟折扣，又称时间贴现，被广泛应用于经济学、心理学、健康研究领域。在心理学领域指的是未来奖赏当前的主观价值，随着时间的延长而减少的心理现象。延迟折扣是一种决策行为，其个体需要在时间和数量两个维度的奖赏之间进行抉择。

但往往随着时间的推移，个体更注重眼前利益而非长远利益。举个例子，如果一年后给你 1000 元，你可能认为它的价值和现在的 800 元无异。

假如公司以下面两种形式发放年终奖，你可以从中二选一。第一种，公司奖励你 6000 元，这笔钱会立即打到你的卡中；第二种，如果你不急用这 6000 元，可以用其购买公司的集资券。那么，明年的这个时候，公司会连本带利地返给你 7500 元。面临这两种选择时，你会如何选择？考虑到第二种方案中的种种风险，相信不少保守的人都会选择立即变现。不同的人之所以有不同的选择，是因为“延迟折扣”在决策中也发挥了作用。

当人们在一个即时可得的次等选项和延迟的优等选项之间做出选择时，大多数人会选择即时可得的次等选项。用理论来解释这种现象就是：当一种正面的结果被延迟，这种结果的主观价值会随着时间的延长而减少。

随着信用卡的发展，我们每个人手中几乎都有一两张信用卡。信用卡之所以这么受欢迎，是因为它满足了人们对于超前消费所带来的快感心理需求。很多人认为现在的东西价值最大，反之，随着时间的推移这件东西的价值就会越来越小。

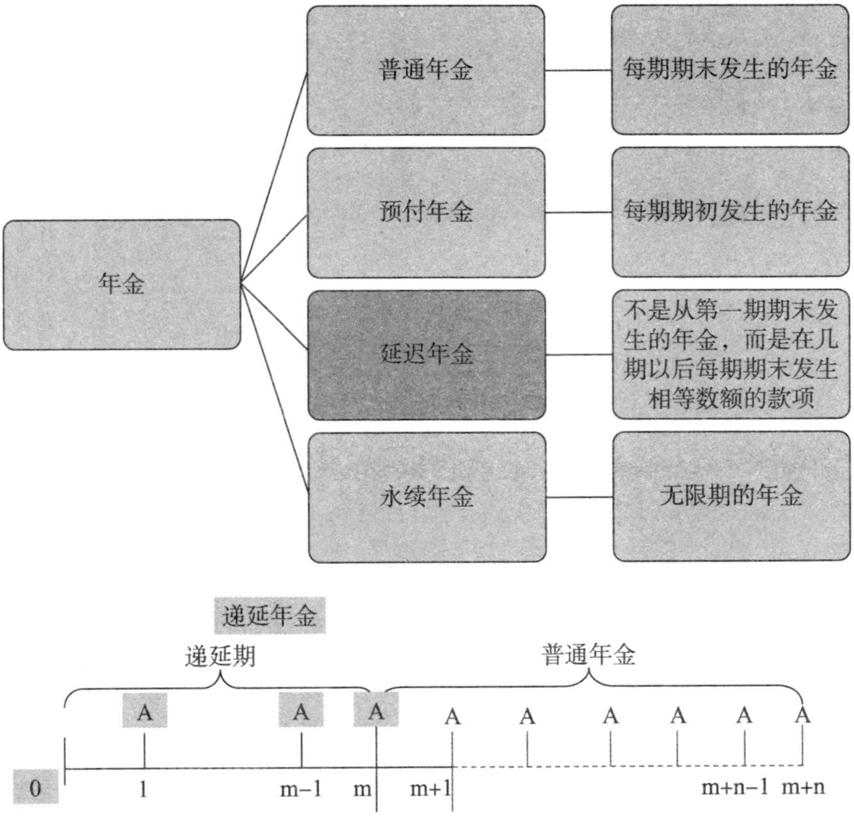

注：递延年金现值＝年金×年金现值系数i，n×复利现值系数i，m
或＝年金×（年金现值系数i，n+m−年金现值系数 i，m）

年金的几种类型及延迟年金的计算公式

因此，我们在“不花钱”的情况下购买了很多看似当下非买不可的东西。面临着每个月信用卡长长的账单愁眉不展，不知不觉间银行账户上的金额却越来越少。这也说明，人类大脑对未来损失比对未来获得更加敏感，而这可能是由诸如恐惧、厌恶之类的负面情绪所驱动的。

在投资领域中也是如此，一旦利润回报被延迟的时间越长，个体主观上感觉到的价值就会越低。举个例子，假如甲、乙二人在半年后都能获益 3000 元，对于甲来说，这与当下给他 2000 元是等值的；而对于乙来说，这与给他 1500 元没有任何差别。因此，我们可以认为甲的延迟折扣率比乙低。延迟折扣率越高就意味着人们不可能为了所谓的延迟折扣去买单，越低就说明延迟折扣在这部分人身上更能起到作用。

由于个体的延迟折扣率不同，就必然导致不同投资行为的发生。研究表明，一年后的 100 美元，对于不同的人来说吸引力的平均值为 68 美元。这也就说明了，和立即得到这 100 美元相比，一年后得到这笔钱，人们在心理价值上已为其打了 32% 的折扣。

随着神经经济学的兴起，很多学者采用认知神经科学手段来研究延迟折扣现象。在一项研究中，实验人员借助脑成像技术，记录了实验过程中大脑的活动。

实验人员让参与实验者，在现在得到 40 元和下个月得到 60 元之间进行选择。结果，面临立即得钱的选择时，人脑中与情感有关的大脑区域（内侧额叶脑区和腹侧纹状体）和与理性认知有关的脑区（背外侧额叶和后顶叶区域）都被激活。

实验人员接着又让人们在现在失去 40 元和下个月失去 60 元中做出选择。结果发现，面对“失钱”，与理性认知有关的脑区比面对“得钱”时激活更强，同时和厌恶、害怕等负面情绪相关的脑区也变得非常活跃。

人人都会生病，人人也都要去看病。随着人们健康意识的增长，体检得到了越来越多人的重视。无论从个人还是社会的角度来看，预防性医疗的成本都要远低于补救性医疗的成本。

比如笔者就曾做过胃镜和肠镜，连化验胆固醇含量都要进行验血。而人们要想排除身体中的安全隐患，还必须得做这些检查。

于是，大多数人选择一拖再拖，等身体真的出现问题了再去就医。但此时往往已经错过了治疗的最佳时机。就因为预防性体检的获益是未来的，人们内心深处对其价值的评估就会大打折扣。

人们似乎总是对当下发生的事情更感兴趣，而对于未来可能会发生的事情显得漠不关心。当然，也有很多人热衷于购买各种具有理财性质的商业保险。这类保险往往并不能直接受益，而是要等到二三十年后才能退还每年所要交的本金。从长远来看，似乎人人都需要购买这种保险，既可以增强家庭的抗风险能力，还能为自己及后代存下一大笔钱，何乐而不为呢？然而就是有很多人认为，这种不能立即看到收益的保险毫无价值，纯粹是一种圈钱的行为而拒绝购买。

注重眼下的得与失大于未来的得与失，由此看来是人的天性。所以，众多领域中的延迟折扣行为似乎很难让人们真正为其买单。这种现象发生的原因是多方面的，导致的结果也各有利弊。这也需要我们暂时抛开得失利弊对其进行更为理性和长远的分析。

第二课

货币——钱为什么“值钱”，何时不值钱

金银天然不是货币，货币天然是金银

“金银天然不是货币，但货币天然是金银。”这句话是马克思在讲到经济学原理的时候说的，如今被奉为经典。短短的几个字巧妙地概括出了货币与金银的本质区别，但不太熟悉经济领域相关知识的人，还是很难领会到其中的奥义。

货币与金银的关系，是经济学的基础理论。不要以为这句话只是句绕口令，其实它在很多地方都有非常实际的应用。

生活在商品经济时代，我们的衣食住行都是需要购买的。有句老话叫“穿金戴银”，形容一个人的生活十分富足。但试想，有谁会真将金银穿在身上呢？顶多也就是把金子做成项链，戴在脖子上；把银子打成戒指，套在手指上罢了。

说到底，金银到底好在哪里呢，为什么会受到那么多人的追捧？结婚的时候女方要购买“三金”，即金戒指、金耳环、金项链；结婚周年的时候，先生要为太太购买当下最流行的珠宝首饰，作为

爱情忠贞不渝的象征。

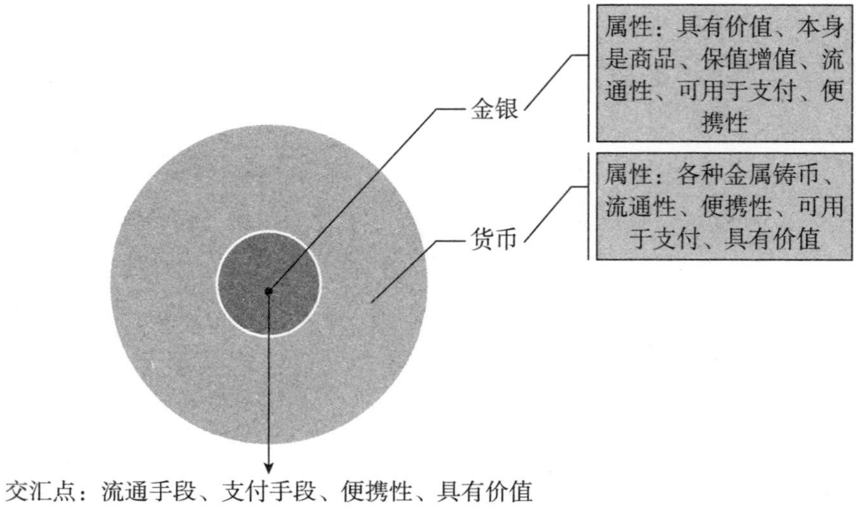

金银与货币的异同

难道金银天生就是财富的代表吗？当然不，金银只是大自然的产物，并先于人类社会产生。没有人类之前，它们还深埋在地下，后经人工开采，才逐渐露出端倪。这就是说，金银天生并不是货币。

那么，货币的概念是什么呢？从广义上来说，货币是人们普遍接受的用于支付商品劳务和清偿债务的物品。换言之，货币是商品交换发展到一定阶段而产生的交换媒介。最初的交换媒介往往是贝壳、骨头等物品。渐渐地，这些物品的弊端开始显露出来。因其携带起来很不方便，且随处可见，不难获得，所以逐渐被人类所淘汰，随之人类将目光转移到了金银这些贵金属上面。

金银先于人类产生，当然，更先于货币这一概念产生。它的产生不是人为决定的，且不受控制，与纸币全然不同。有句话说得很妙：“垃圾是放错地方的宝贝。”的确，金银在原始时期，真的是一钱不值的垃圾。它不具有货币的任何职能，甚至也没有一种技术能将其铸成装饰物戴在身上。

不过，随着人类文明的不断进步与发展，金银作为贵金属的首领，其不容撼动的重要地位便日益凸显了出来。它体积小、质地均匀、携带轻便且便于保存，这些绝无仅有的属性，让它一跃成为贵金属家族的首领。最终，金银光荣地承担起了货币的职能，让很多人为之生，为之死。

经济平缓的年代，金银作为货币家族的统领，安稳地维持着货币体系的正常运转；经济动荡的年份，货币也同样发挥着无法替代的作用，它是人们的心理安慰剂。人民币可以缩水，但金银却有保值增值的特性，盛世买金银，乱世储金银，金银的存在给人们带来了无可替代的安全感。仿佛只有通过购买它们，自己的财富才不会蒸发。

世界著名经济学家格林斯潘说过：“黄金代表了世界货币的最终支付手段，黄金永远不会被拒收。”简言之，格林斯潘承认了黄金在货币市场上的霸主地位。

着眼于世界经济领域，谁拥有了黄金的定价权，就等于拥有了世界货币的发行权，从而占据国际货币体系的主导权。黄金就好比金庸老爷子笔下可以号令天下的屠龙宝刀，是货币江湖的武林盟主，振臂一呼，天下谁人胆敢不从。

而在面对通货膨胀来袭时，也有不少深谙经济学理论的人，为了不让手中的纸币价值缩水，转而以购买金银的方式来储存现有的财富。货币贬值，往往是不受控制，无法预期的，而金银的价格即使有所波动，也不会太过离谱。

津巴布韦在2009年的时候，遭遇了史上最严重的通货膨胀，世人无不投去同情的目光。为了打破本国的通胀僵局，国家一次性发行了1000亿元的纸钞。这不仅对通货膨胀现象没起到任何的缓解作用，反而让该国在这条道路上越走越远。短短几个月间，该国经济就陷入一片混乱。

办法总比困难多，津巴布韦官方决定通过停用津巴布韦币，转而替换成美元。果然，在此之后，物价真的稳定了，百姓也能买得起所需的商品了。

但新的问题产生了，超市里没有零钱了。聪明的超市经营者决定印刷购物券来充当零钱，不仅解决了眼下的问题，还为百姓提供了方便。

经过一段时间的调整，美元、欧元、南非币相继成为津巴布韦的主要流通货币。但国内的一些偏远地区，获取外币简直难如登天。这部分百姓只好又回到了以物易物的原始时期，毫无疑问，金银成为了其中最受欢迎的物品。学生到了交学费的时候，家长就拿着自己的首饰给教课老师，老师也会欣然接受。因为这些首饰很容易就能换到吃的东西。

纸币只能是太平盛世的交易媒介，一遇到经济危机，它的价值就会大幅度缩水，再也不是什么值钱的东西。只有金银才能在呼啸而来的金融海啸中保持自己的身价，带给人安全感。

由于金价与美元汇率呈负相关的关系，所以黄金能够很好地发挥应对美元贬值的作用。所以，在我国以美元资产为主的庞大外汇储备中，持有一定比例的黄金，可以起到避免储备资产缩水的作用。

可以这么理解，货币是信用的体现，金银才是价值的体现。一次次经济危机透支着社会的信用度，也将实体经济带入困境当中。作为危机中的一个避风港，黄金储备发挥着日益重要的作用。不过，很多舍弃货币购买黄金的行为，无疑对推动黄金价格的上涨有着不可推卸的责任。

黄金这一主权货币在应对金融危机时，往往像一根定海神针，具有重要的稳定性。无论对于国家还是投资人员来说，储备黄金远比储备货币更能规避风险，避免资产的缩水。

货币的本质：时间价值的代理商

时间总是不停地流逝，蓦然回首，青春早已不再。守不住青春的财富，就要守住银行卡里的存款。为了不让金钱也随着时间溜走，并力争在时间的催化作用下日益增多，积累财富的方法，对每个家庭和个人来说就显得尤为重要了。

都说“鸡生蛋，蛋生鸡”，此法的关键点就在于你手中要先有只鸡，或者有个蛋。这种理财方法其实是在教你如何投资，投资相对于把钱存入银行是更加灵活的理财方式。你的财富不会自己增长，却会偷偷随着时间而流逝。如果能为鸡的孵化提供有利的条件，让它从一只不会下蛋的小鸡，变成产出金蛋的鸡王，最后孵出更多的鸡，下更多的蛋，你还愁钱不够花吗？

在前面我们反复提到的是时间和财富两个词汇，由此可引出一个重要的概念，那就是货币的时间价值。举个例子，你有五万元存款，但你把这笔钱用于投资，投入市场当中赢利，十年之后，这笔钱恐怕就不再是五万元了。

本杰明·富兰克林有句名言："钱生钱，并且所生之钱会生出更多的钱。"这就和"鸡生蛋，蛋生鸡"的道理类似。前提是你的投资必须是理性的、正确的，只有这样才能保证在一段时间内财富是不断增长的。这就是经济学领域经常提到的货币时间价值的大致含义。

一个精通经济理论的人是十分注重货币的时间价值的，钱生钱这件事在他们身上体现得淋漓尽致；而一个对经济原理一无所知的人，往往会忽视货币的时间价值。今天的10万元和明天的10万元到底有何差别？这两者在眼中所看、脑中所想、心中所感是完全不同的。

货币的时间价值在货币经济学上有更理论化的定义：当前所持有的一定量货币比未来获得的等量货币具有更高的价值。给大家解释一下，随着时间的推移，现在手中的1块钱和未来的1块钱，有着不同的购买力。

为什么会这么说呢？首先，这不是物价上涨、货币贬值所导致的。时间本身也是具有一定价值的，如果时间的流逝并未给你的财富带来增长，那么，不仅意味着你浪费了时间，还意味着降低了这段时间里你的财富本应具备的价值。

如果你有一万块钱，用十年的时间省吃俭用，不仅不做任何理财，连将钱存在银行的勇气都没有。那么，现在给你算一笔账。过去你不消费，非要在未来消费，那就必须拿出大于一万块钱的货币，才能弥补上时间价值的缺口。即便一万块钱没有变多也没有变少，它在这十年的时间里所浪费的存款利息和企业分红却已经一去不复返了。

聪明的举动一定是让钱动起来，而不是让钱变成床底下的死物。时光匆匆，岁月之于少年的，是让他从一文不名变得腰缠万贯，从目不识丁变得学富五车。时间这位来无影去无踪的好朋友，对于万事万物的改变都是潜移默化的，对于你的财富也是如此。只是你的钱财不会说话，不会自己去投资，需要你这个拥有者去帮助它提升自己的价值。

说到这里，相信你已经明白该怎么做了。不要让货币停滞下来，也不要随意放过货币的时间价值。

多年前，在美国次贷危机爆发时，曾流传着一个家喻户晓的故事。这是一个关于中国老太和美国老太生活方式的对比。现在看来，与其说是生活方式的不同，不如说是理财观念的不同更为恰当。

路上一同行走的两位老太尤为引人注目，一个是深目高鼻满脸褶皱的美国老太，一个是弓背伛偻满面忧愁的中国老太。美国老太满面春风地向中国老太走了过来，她们之间还发生了一段十分经典的对话。

中国老太抱怨房价水涨船高，攒了30年的钱，就为能一次付清，不向银行贷款，却发现房价高得再攒30年也买不起了。

美国老太听到这里颇为得意：“就在你辛苦攒钱的时候，我早已住进了我的大房子，并用这30年的时间还清了所有贷款。不仅如此，我的房子就在我还完贷款之后还涨价了。”

一个简单的小故事，折射出的是两种截然不同的经济观念。为什么这段对话至今仍广为流传，不过是因为对话中的两种人在现实中比比皆是，代表了两种十分主流且对立的经济观。

在这个故事当中，提到了超前消费与分期付款背后所具有的截然不同的两种时间价值，让人感触颇深。

货币的时间价值，不仅对于投资者来说很重要，对于开发商来说也同样意义非凡。日常生活中，分期付款的形式随处可见，买车、买房或是网购都会涉及分期的情况。而分期付款则是对货币时间价值的灵活应用。

与买菜不同，买房通常是一个家庭的第一要事，全家需要拿出绝大部分存款。这对于消费者来说无疑是一次重大的抉择，因为房子是刚需，而他们又不能提前将后半生的薪水全部预支出来。开发商看到了这一点，于是想到要用分期付款的方式，既为消费者解决了棘手难题，也为自己谋取了利益。

这里，我们所说的分期并不是简单的分期，而是带有利息的分期。如果你同意了这种付款方式，那么，除了拥有自己的房子外，你还需要面临日复一日的利息压榨。长期的利息累积后，你已支付出去的那部分钱财，早已超过你本该付出的余款。

因此，在选择分期这种付款形式的同时，消费者其实早已为开发商带去了一只不停生蛋的鸡。无论是投资者还是消费者，都不能忽视货币的时间价值，只有利用好手中的蛋，才能为自己赚取一个富足的人生。

货币供给：多印钱是否就是有钱了

不知道你有没有发现，不知不觉间，一碗面已经涨了数倍不止。20年前，一碗拉面只要几毛钱。现在呢？小碗拉面也要八九块钱了。再来看看我们的工资，涨了只有两倍多。物价飞涨得这么快，工资

“挪动”得那么慢，生活的脚步如何轻快？

被称为“月光族”的有两类人，一类是超前消费，毫无理性计划的代言人；另一类是入不敷出，不懂投资，也无力保护自己财产不被缩水的劳苦大众。这部分人通常是“经济学小白”。

说到这里，有的人忍不住跳出来了：“既然我们的生活这么辛苦，国家为什么不多印点钞票出来，分配到各家各户。钱是纸做的，那不就是想印多少就印多少的事情吗？说不定多印点钞票，我们就能赶美超英，成为世界第一强国了。”

那么，上述的做法到底可不可行呢？针对这一问题，我们可以做一个大胆的假设，如果可以通过印钞来解决一切问题，那么国家为什么还要不遗余力地去发展生产促进经济呢？还是人才济济的国家领导班子成员没有想到这个捷径呢？显然都不是。

通货膨胀的实质是流通的货币太多了，多到超出了一定界限，从而引发的经济现象。这个名词的出现与货币经济是分不开的。举个简单的例子，一个胖子如果一顿吃 3 碗米饭就能饱，却偏偏要给他吃 10 碗、20 碗。这么一来，他真的要成死胖子了，通货膨胀也是这个道理。可以说，通货膨胀就是吃饱了撑的，只是胖子吃的是饭，它吃的是多余的钞票。

一个国家的货币发行是要经过严格计算的，当然不是随心所欲，想怎么印就怎么印。郭德纲在相声里说：要想让国家富强，我多印点假钞吧。如果这真的发生在了现实生活中，就成为一个笑话了。

真实的情况是，国家在发行货币之前，必须将经济的发展情况和货币的流通速度作为十分重要的考量依据。

在经济领域，有一个著名的货币数量论方程：

$$\text{货币量} \times \text{货币流通速度} = \text{价格} \times \text{产量}$$

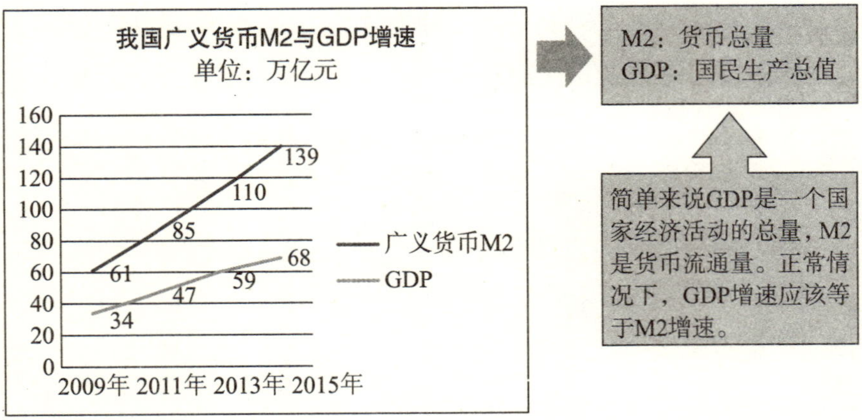

货币流通量与 GDP 关系图

这里的“价格”指的是物价，也可以看作所有商品的平均价格。“产量”则是指市场上流通的商品总量。“货币流通速度”是指货币从一个持有者转到另一个持有者手中的频率。货币在一个经济体内的流通速度一般情况下是不会发生太大的变化，那么如果想要价格保持稳定，货币的数量就应该由产量的多少来决定。

货币的发行量过多，必然会导致经济体内流通的货币过多。如果商品的产量没有增加，那么货币就会开始贬值，也势必会导致物价上涨。如果将这些毫无价值的“纸”投入市场中，无异于白抢市场里的东西一样。

三年解放战争时期，国民党方面急剧增长的军费开支已让其无法负担。于是，国民政府只有通过超量印刷发行法币的方式来维持开支，但这种做法很快就造成了通货膨胀的局面。

一时间物价飞涨，财政赤字猛增，截至 1948 年 8 月，国民党的法币发行额已经增长到了 60 万亿元。

随之而来的是物价的上涨，与战前相比，物价上涨了 3492 万倍。相信对数字没有概念的朋友看了会觉得这是场荒唐的闹剧。著名作家茅盾在回忆那时的情形时曾说道：“在中国唯一仍然在全力开动的工业是印刷钞票。”

满地都是钞票，钞票也就不再值钱了。在之后的很长时间里，人们手中一袋子的钞票变成了买不起一袋米的彩色废纸。

由此可见，遍地是钱的结果必然是遍地是纸。深受通胀其害的人很多，至少还能吃得起大米的我们，也算幸运。尽管如此，眼下的情况也不甚乐观。

还记得几年前网上陆续出现的“蒜你狠”“糖高宗”“豆你玩”“姜你军”“棉里针”吗？清华大学 EMBA 教授梁小民曾就这一现象，在其文章中指出：“我国当前的通胀，根本原因在于这些年来货币发行过多，用媒体爱说的一句话，就是‘流动性过剩’。”

货币量的增加无疑是导致通货膨胀的原因，通货膨胀的产生也成为增加货币量的理由，二者无限恶性循环，为其恶果买单的还是人民群众。

GDP 增长率一直是政府官员衡量政绩的基本指标。在这种思想指导下，尽管也讲物价稳定，节能减排，保护环境，但当这些目标与 GDP 增长矛盾时，就放弃其他而保 GDP。保 GDP 就要刺激投资，刺激投资就必须增加货币。经济增长快时，想让它更快，如 2008 年之前；经济增长遇到困难时，还想让它快，如 2008 年之后。于是，货币量就一直有增无减了。

读到这里，大家心中可能已经有了答案。多印钱是否就有钱了？答案是否定的，货币发行的数量不是政府随意决定的，而是根据各项指标综合考量的结果。钱本身并不具有价值，它只是一种交换的媒介。促进经济增长，提高人民生活水平的关键还是在于大力发展生产，而相应的货币政策也是为其服务的。

货币经济的最大克星莫过于通货膨胀，无限增加货币发行量必然会导致通货膨胀的发生。

货币注水恶性通货膨胀

不知道你是否有这样一种体会，以前的 100 块钱是你一个礼拜的伙食费，花到最后常常还有剩余；而现在呢，100 块钱花出去就是分分钟的事儿。有一个小段子说得很贴切：总有那么几张人民币，它的“脸色”由红变绿，然后变黄，接着变蓝，再变紫，再变青，最后离我而去……

过去人们见面打招呼总是先问“吃了吗”，而如今见面要说的是“现在的钱真是越来越不值钱了”。为什么人们会有这样的感慨呢？先说说过去吧，过去的工资够全家人吃上一个月，现在的工资连养活自己都费劲，更别说把剩下的钱存起来。所以，现在的情况往往是发工资愁，愁如何节省；不发工资也愁，愁上个月没剩钱，这个月怎么办。在这种情况下，难怪大家会集体来吐槽了。

前段时间，网络上有这样一种声音：不知道大家发现了没有，人民币上印几个人，就代表它够几个人花的。刚开始 10 元人民币上有一群人，那时的 10 元人民币就够一群人花，后来的 10 元人民币上改成两个人了，说明只够两个人花了，到现在，连 100 元人民币上都只有一个人了，但却不够一个人花的。人民币真的是越来越不值钱了。

老一辈对货币贬值这件事感触应该最深。邻居家的老爷爷经常在门口一边晒着太阳一边说：“哎，30 年前啊，一根雪糕几分钱，大米一毛钱一斤，100 平方米的房子租一个月只要一块二。现在的物价啊，当年真是不敢想象。”

既然那个“一百块钱买半头猪”的岁月已经一去不复返了，我们就该痛定思痛，理性地看待物价上涨这件事儿。邻居家的孙子上初中，他经常安慰爷爷：“您看，当年的物价虽低，但您的工资也低呀。如今，物价虽然越来越高，但人们的工资水平也涨了不少啊。您还抱怨什么呢？”

这话表面上看似有理，实则忽略了一个真相：收入虽然见涨，但物价的涨幅已远远超过了收入的涨幅。人们的收入在不断增加，奇怪的是，购买力却在不断下降。

不同年份下，法币购买力的变化

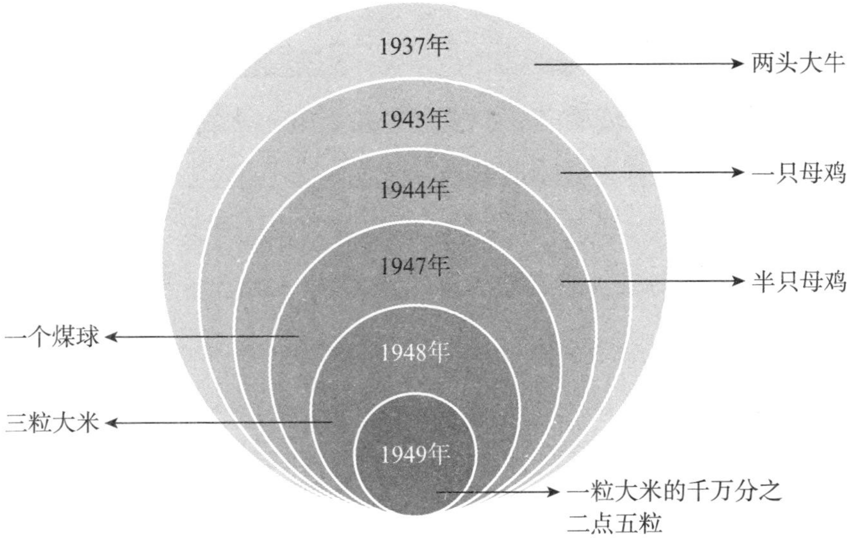

法币购买力变化：严重的通货膨胀，导致法币购买力削弱

2002 年，国家统计局发布的数据表明，城镇单位职工在岗工资为每工作日 49.48 元，这样算下来，每位职工平均每月能拿到 1100 元的工资。到了 2013 年，城市的人均工资已在 2200 元上下，与十年前相比，涨了一倍。

与收入水平一同增长的还有物价水平。这十年时间里，物价的涨幅又是多少呢？都知道房价是涨得最快的，所以我们就不拿极端来举例了。人人都要吃饭，你可知大米涨了几倍？ 2002 年的时候，品质十分优良的大米也无非 1 块钱 1 斤；2013 年的时候，1 斤普通的大米都要 3 块钱了。这十年的时间里，大米的价格涨幅为 2 倍。

也就是说，十年前，你拿 100 块钱，可以买 100 斤大米；现在就算拿 200 块钱，到手的大米也只有 66 斤。收入在上涨，物价在增长，看似两方都有所提高，但所涨的钱远远赶不上飞速增长的物价水平，所以人民的购买力其实还是降低了。

举个形象的例子，如果十年前的人民币是一瓶醇厚的二锅头，那么现在的人民币则是一瓶兑了水的二锅头；前者能让人醉得不省人事，后者估计连交警都测不出你喝了酒。酒会注水，钱同样也会。

酒里注水这事好理解，钱里怎么注水呢？针对这一问题，经济学专家给出了一个答案，即超发货币。

在经济学领域，一个经济体内的货币总量应该是有一定数目的，而这个数目是需要用复杂的公式来进行计算的。要想搞清楚这件事，你需要明白两个概念，即狭义货币和广义货币。

很多人搞不清楚货币和现金的区别，以为这是一回事。其实，在经济学领域中，流通现金只是货币的一部分，通常用 M1 来表示，这是狭义货币的范畴。

而广义货币，则指的是狭义货币外加居民储蓄、定期存款和各类理财产品等，即一切可变现流动的货币，一般用 M2 表示。

经济学家认为，M1 是现实购买力的反映，M2 则是现实与潜在购买力的双重叠加。要想保持货币的购买力不变，广义货币 M2 的增速应与经济增速相吻合，如果恰好与该国 GDP 加上 CPI 的增速相同，那就是再理想不过的状态了。

显然，我国的货币发行机关在这件事情的处理方式上是失当的。在过去很长的一段时间里，我国的广义货币增速一般保持在 16% 左右，2009 年，增速甚至达到了 27%。几年内，广义货币的增速虽有所放缓，却仍旧高于 GDP 和 CPI 的增速，导致货币超发严重。

不同的群体有不同的立场，百姓认为严重的事情，货币的发行者可不这么认为。2013 年，人民网曾发文否认货币超发会引发通货膨胀的观点。其作者还认为，我国居民的钱都用于储蓄了，居民存款早已超过 40 万亿元人民币，而这笔钱往往是比较固定的。相对取出银行冲击物价来说，居民更愿意让它们静静地躺在银行赚取利息。

货币发行者似乎总是喜欢依赖所谓的数据，那么，看了这组数据，他们要怎么说呢？2012 年我国的 GDP 总额为 51.9 万亿元，到了年底的时候，中国广义货币的总量已高达 97.4 万亿元，比 GDP 高出了 45.5 万亿元。这说明什么呢？说明我们那些静静躺在银行里的钱，拿出见光的一瞬间就被风吹走了一半。

我的酒不管喝与不喝都是自己的选择，但你不能因为市场上没酒了，就把我的酒兑水卖出去。不光如此，还在我酒窖中的藏酒里注水。这种近似于流氓的行径，正每时每刻文雅地发生在你我的周围。早日撕破其伪装的面具，从容应对，才能保护我们的利益不受侵害。

通货膨胀并非总是坏事

什么是通货膨胀？这个概念对我们来说或许陌生，但其背后掩藏的现象，却真实发生在我们日常生活中的每一天。以前一个月1000块钱工资，不仅吃得饱穿得暖，还能剩下不少；现在一个月3000块钱，却发现还没到月底，就不够花了。

“月光族”越来越多，一部分人是花钱毫无节制，另一部分人则是躺枪的。关于李嘉诚有一个小故事，大意是说他的司机，将掉在地上的一毛钱替他捡了起来，他转身就奖励了该司机数百元。

那是多年前的故事了，而如今呢？同样的一毛钱，掉在地上可能一部分人都懒得去捡了。为什么？因为现在一毛钱连一块糖都买不了了。

清华大学教授韩秀云在一本书中写道：“在20世纪80年代初，由于刚刚从匮乏时代走出来，当时我对贫穷还心有余悸，于是就藏下5元钱，无论如何都不敢动用。当时我想，如果到了山穷水尽的时候，我就可以用这5元钱生活一个月。但是现在这5元钱能做什么呢？这5元钱让我对通货膨胀的厉害有了直观的感觉。通胀猛于虎，它可以把30年前一个月的生活费，变得一份盒饭都买不到。”

那时的钱和现在的钱差别这么大，到底是什么原因导致的呢？毫无疑问，一切皆由四字引起——通货膨胀。

想要形象地了解这个概念，就要想想每个人都熟悉的馒头。家里做的馒头只有包子那么大，成年人吃两三个也就饱了；下班的路上，见路边的馒头刚出锅，打算也买两个填饱肚子，结果却发现吃完就跟没吃一个样。

为什么家里的馒头和外面的馒头区别这么大呢？原来家里的馒头少了样东西——发酵粉，所以是死面馒头；而用了发酵粉的馒头虽然看起来跟球一样大，里面却是中空的，密度小了很多。不看体积看分量的话，跟家里的馒头相比，轻了许多。

有时候耳听不一定为实，眼见也不一定为真，许多事情需要实际分析、考量才能得出一个准确的结论。蒸馒头和通货膨胀其实是一个道理。

简单来说，通货膨胀的意思就是钱不值钱了，虽然分量还在，但“密度”已经发生了改变。而货币之所以会像气球一样贬值，其原因无外乎是因为货币的供给大于实际的需求。用这个观点来解释物价普遍上涨的现象，也就再合适不过了。纸币本身是没有价值的，拥有再多，也无法有力抵抗持续上涨的物价。

有人说通货膨胀就好比人生病了。你生病的时候会做什么呢？无非就是吃药、挺过去或者加强体育锻炼。

先从锻炼开始说起，这种方式通常是人在生病的时候最不想选择的，已经生病的身体当然挨不住继续消耗能量了，不是你不想做，而是没力气做。

现在来谈谈吃药，众所周知，同样的药不同的人吃有不同的疗效。有的药见效快，有的药见效慢。这就好比国家印钞，既然不想在生病的时候进行痛苦的运动，就只能借助药性这一外力。药物不仅可以救命，还可以避免自身的消耗，何乐而不为呢？

还有一种方式是挺过去。说到这里，有人可能要问了，如果挺不过去呢？那这个人也就挂了。

通货膨胀就好比国家的货币经济生病了，通常国家的应对手段一般为提高存款利率，抑制贷款，控制货币的发行量等。

通货膨胀就一定是件坏事吗？也不尽然。万事没有绝对的好与坏，只要不过于极端，在一定的安全范围内，通货膨胀也有好的一方面。酒虽好喝，喝多了也伤肝；蛇毒虽毒，却能治病。而适度，则是万物的平衡法则。

对政府来说，如果能够将通货膨胀获得的全部收入用于经济建设，并采取措施保障民间投资，还能促进经济增长。

对企业来说，产品的价格增长总是高于员工的工资增长，这也会为企业带来相当可观的利润。企业如果将这部分收益用于扩大投资，不仅能促进就业，还会带动经济增长。

对个人来说，尤其是对那些处于社会富裕阶层的人来说，通货膨胀还会增加这部分人的储蓄欲望，更多地吸纳存款，从而促进经济增长。

试想，如果银行的利率高过风险投资所能带来的回报，那么还会有人愿意拿着自己的钱去冒险吗？如果你有闲散的资金可以支配，你会如何选择。钱既然可以自己生钱，大多数人应该不会再用这笔钱去买一头牛，再通过卖牛奶来实现赢利了吧。毕竟养牛也是要承担风险的，而把钱放在银行里却毫无风险可言。

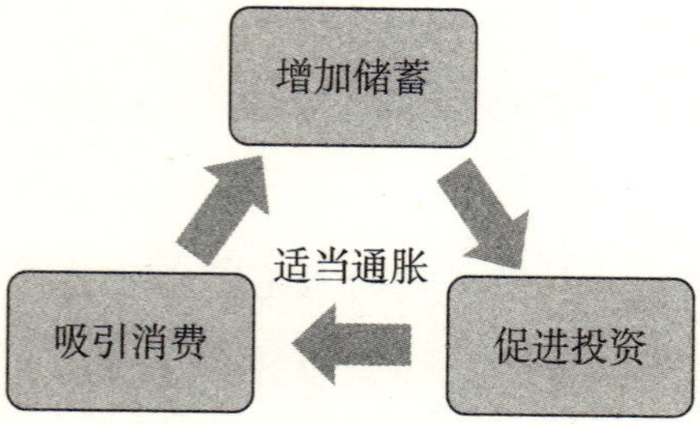

注：适当的通货膨胀对于经济发展具有良好的促进作用，不过，通胀虽好，可不要"贪杯"哟。

1992~2002 年的飞速发展时期，美国经济通货膨胀率处在一个良性的阶段

通货膨胀也是如此，一定范围内的通货膨胀对于经济发展而言，可以说好处多多。与通货紧缩相比，通货膨胀其实是好事儿。

那么，什么是通货紧缩呢？简单说来，就是物价上涨，市场上流通的货币减少，人民的购买力下降，产能过剩需求减少。

如果说通货紧缩是经济衰退的重要体现，那么，通货膨胀则是经济发展所要经历的必要阶段，具有一定的必然性，且可以调节。

相比于几十年前，虽然如今处于通货膨胀时期，但人民的总体生活水平还是有很大提高的，了解了经济学理论，在下一次应对钱缩水这种问题的时候，也就更能用理性、发展的眼光去看待了。

总结一下，通货膨胀是货币经济的最大克星，为人类社会带来一场又一场灾难。它让许多人积攒很长时间的钱，瞬间就凭空消失。不过，从另一个角度来看，适度的通货膨胀对于经济的发展来说，也是有利的。

国际热钱和货币战争

国际热钱指的是那些充斥在全球无特定用途的流动资金。它是为追求最高报酬及最低风险，在国际金融市场上迅速流动的短期投机性资金。短期、套利和投机是它的最大特点。热钱炒作的对象包括股票、期货、原油、黄金、其他贵金属、货币、房产乃至农产品，如大豆、小麦、玉米等。

在过去的2011年里，一场全球性的“热钱阻击战”让人们印象尤为深刻。智利斥资120亿美元干预汇市。而巴西、秘鲁、韩国、泰国等多个新兴经济体也纷纷出来响应，希望通过干预汇市来抵消掉热钱涌入对其造成的不良影响。

热钱，越来越成为各国财务会议上一个必不可少的课题，而它的流入则是各国引发金融危机的一个重要原因。为了转移本国的经济危机，应对日益高涨的食品及燃料价格，很多国家都企图利用国际热钱的方式来转嫁灾难。这些不稳定的流动资本，也为金融危机埋下了隐患。

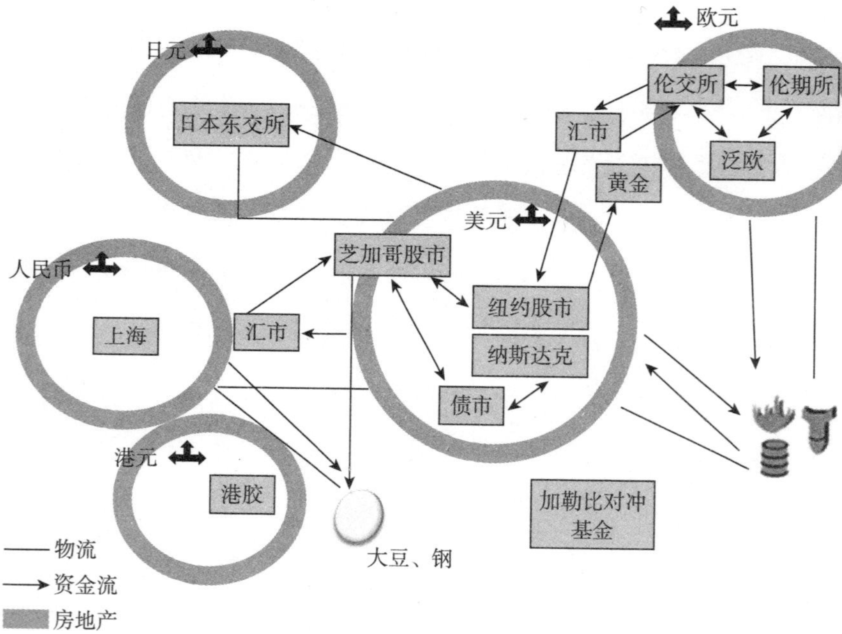

国际热钱的循环往复

提到金融危机，不少人会谈虎色变，难忘那些暗无天日的时光。上一次金融危机已经过去，下一次还会远吗？据统计，流入国内的热钱每年高达250亿美元，这相当于中国同期外汇储备的9%，一场金融危机，已不动声色地来到我们身边了。

2007年，次贷危机席卷美国，这给我们留下了尤为深刻的印象。

美国经济回暖后，之前在套利交易中泛滥的廉价美元回流，也让新兴股票市场和大宗商品价格出现了剧烈的波动，其中潜藏的危机自不必言说。

看到这里，大家都会产生一个疑问，为什么热钱会引发金融危机呢？

简单来说，热钱的涌入对我国的危害主要分为三个方面：

第一，热钱对经济虚假繁荣的局面产生起到了推波助澜的作用。拿中国的房地产市场来说，近两年，我国的房地产价格迅猛飙升，一路飘红，丝毫没有停止上涨的征兆。高达 12% 以上的价格涨幅，已远远超过了消费的物价指数。

北京、上海等一线大城市的房价更是高得离谱，每年价格均会上涨 20% 以上，更有甚者，竟然高达 50%。在这期间，尽管国家也出面干预，却仍未能有效地对其进行遏制。尽管房地产的现状是供过于求，但很多开发商还是不愿意降低价格。其中一个重要原因就是他们对国际热钱心存幻想。是什么理由吸引大批国际热钱进入中国楼市的呢？无疑是人民币的大幅度升值。

第二，热钱的涌入扰乱了金融体系的正常运转。这些热钱，加大了外汇的占款规模，混淆了视听，对政府制定出正确有效的货币政策造成了层层阻碍。

目前，我国正处于通货膨胀时期，物价水平飞速上涨。而造成这一局面的一个重要原因则是我国外汇储备的增加。2010 年中国外汇储备增加了 4696 亿美元，总额达到 2.847 万亿美元，再创历史新高。

随着中国经济与世界经济的进一步融合，对“热钱”的监管也会变得困难重重。一部分热钱会投向房地产领域，以享受经济发展为其带来的甜头。另一部分热钱则是造成人民币升值的元凶。

第三，热钱流入增加了人民币对外升值的压力。美元的持续贬值，以及我国现有的货币政策无疑吸引了大量热钱的流入。可以这么说，随着流入热钱的增多，人民币升值的压力只会越来越大。

为减少跨境资金的流入，我国政府也在该方面增加了打击力度，对重点主体、重点渠道的热钱流入进行严控。截至2010年年底，已查实外汇违规案件197宗，涉案金额73.4亿美元。涉案人员分别来自3家商业银行总行、33家中资银行分支机构和9家外资银行分支机构。检查内容包括银行结售汇、短期外债、离岸金融、外汇资金来源和运用等。

中国政府为了不让热钱进入股票市场，做出了很多努力。即便如此，有关热钱在股市兴风作浪的事件也是屡见不鲜。热钱简直成了中国经济领域里为非作歹的悍匪，就连2016年10月A股市场的“井喷”，也被认为是其所为。

而在2010年中国跨境资金流动监测报告里显示，此次影响我国股市发展的因素较多，并非全由热钱所为。

事实上，热钱要想进入中国市场，也并非一件简单的事。在我国人民币没有实现自由兑现的情况下，热钱只能通过地下钱庄进入，这是唯一的方式，也具有极高的风险。

针对这一情况，我国政府又出台了相应的举措，这样一来，流入我国市场的热钱数量再一次降低。因此，外资要想进入A股，唯一的正规途径就是通过境外合资机构进行合法投资。因每家公司的投资额度又有相应的限制，热钱想要进入A股市场显然成了一件十分有难度的事情。

另外，随着A股吸引力的大大减弱，热钱越来越无法成为打击股市的中坚力量。美国的股市在稳步上升，中国的A股市场却面临着下跌与调整，资本总是逐利的。面对赔钱的A股市场，那些热钱的操控者当然更愿意把钱花在有赚钱效应的国外市场。

通货膨胀的影响已经渗透到了各行各业，包括A股市场。进入下半年之后，股市IPO的融资步伐不仅没有放缓，还呈现出了一种加快的趋势。这种融资行为其实是毫无理性可言的，这期间发行的新股“三高”，更是让热钱望而却步。2010年，一整个年，A股市场都没有热钱的大量涌入，这也从侧面反映出了A股市场投资环境的不景气。

简言之，热钱背后所带来的过热投资是违背经济学价值规律的，它首先是一种投机行为，是不可取的。政府也要加强这方面的防范措施，对其进行大力管控。

第三课

市场——经济学是怎么发挥作用的

市场：看不见的“上帝之手”

20 世纪 80 年代初期，人们买布要凭布票，买米要有粮票。一旦这些票据用光了，即便有钱也难以买来相应的商品。人们往往穿着带补丁的衣服，因为布票难求啊；只有逢年过节的时候才舍得在菜里放油，因为当时每家每户用油量是计划的，一旦超出只能由家庭来自行调节。

早在改革开放初期，国家就引入了市场经济这一理念。当时不少人认为那是资本主义的东西，要坚决抵制，以至于是奉行市场经济还是计划经济成了争论的热点话题。当然，最终市场经济力排众议，在中国的土地上迅速地成长了起来，人们的生活水平也越来越高，也看到了市场的巨大作用。

讲市场经济之前，我们先来说说计划经济。所谓计划经济，其实是一种指令型经济，国家在这种经济体制下，在生产、资源分配以及产品消费各方面起到了核心作用。因为当时经济生活的方方面面都依赖于国家的指令性计划，所以这种经济体制就得名为“计划经济”。

这个概念最早是由列宁提出的。1906年，列宁在他的一本书中写道：“只要存在着市场经济，只要还保持着货币权力和资本力量，世界上任何法律也无力消灭不平等和剥削。只有实行巨大的社会化的计划经济制度，同时把所有的土地、工厂、工具的所有权转交给工人阶级，才能消灭一切剥削。”

计划经济的优势自不必说，在那个年代背景下，计划经济无疑确保了中国经济的发展。但随之而来的是计划经济所呈现出的种种弊端，很多人或许没吃过大锅饭，但也都曾听说过。就是因为这种分配制度，农民失去了自主性，认为干多干少都一个样，导致了生产效率低下，干活的人少了，吃饭的人反而有增无减，一时间给多家造成了巨大的损失。

有这样一个故事。

一天，大仲马去俄罗斯旅行。一向热衷于看书的他决定逛逛当地最大的书店。书店老板的消息也很灵通，得知大仲马要来，就想通过自己的方式让他高兴一下。于是，他在所有的书架上都摆满了大仲马的书。

果然，刚进入书店的大仲马，见到书架上都是自己的书非常高兴，但又觉得奇怪，便问起了老板其中的缘由。书店老板兴奋之余，竟失口回答道：“其他作家的书都卖光了。”老板原本想讨好大仲马，于是进行人为干预，结果反而弄巧成拙。

说完了计划经济，再来说说市场经济。市场经济又称为自由市场经济或自由企业经济，是一种经济体系，在这种体系下产品和服务的生产及销售完全由自由市场的自由价格机制所引导，而不是像计划经济一般由国家所引导。简言之，之所以称其为市场经济，体现出的是市场在这种经济体制中的核心地位。

在市场经济的体制下，人们的需求是由市场决定的，不受个人和国家左右。作为生产者而言，生产商品的数量再也不是由政府决定，而是把市场需求量当作参考依据。

一头狮子带领十只狼打猎，然后找来豹子作为中间人为大家分配食物。豹子很公平，将食物平均分成了 12 份，这其中当然也有自己的一份。这样，参与打猎的狮子和每只狼都能分到一份。狮子显然对这个结果不太满意，毕竟它作为老大，怎么能和其他人一样多呢？不满的除了狮子外，还有狼。它们觉得能打到这些猎物是兄弟们出生入死的结果，怎么说也得再多分一些。这下豹子可为难了，急忙去找狮子辞职了。

狮子训斥豹子：“你这种分法就叫大锅饭，干多干少一个样，那以后谁还积极主动地干活呀！你要在分配中体现效率和公平的原则，这样才能调动大家的积极性，知道了吗？”

豹子似懂非懂地点了点头。第二天，它们打猎归来，狮子作为首领挑走了其中最好的一块肉，临走时对其他动物说：“这些都是你们的了，你们自由分配吧，分多分少就是你们自己的问题了，怨不得别人。”狼群一下子就沸腾了，一改往日的团结开始内斗起来。这样，有劲的分到的自然最多，没劲的分到的自然也就最少，大家对这个结果都很满意。

为什么狮子的办法如此奏效？它用到的是什么原理呢？绩效工资这一概念就是根据能力分配收入，每个人所得的收入是不同的。而在狮子对猎物的分配问题上，就体现了这一原理。

市场经济区别于计划经济最主要的特征就是谁在资源配置中起主导地位。因为市场具有灵活性，一旦出现问题，它总是能第一时间进行处理，而国家的处理却总是相对滞后。

另外，市场的调节依靠的是价值规律，根据价格信号反映供求缺口而指导企业生产，具有客观性。因此，说市场是一双看不见的上帝之手，真的是一点也不为过。

无处不在的经济秩序

什么是秩序？过马路的时候，你要遵守交通规则，做到红灯停，绿灯行；在超市买完东西需要结账的时候，你要排队等候，中间不得插队；想要取得资格证书的时候，你要进行国家统一考试，遵守考场秩序，一旦违反就会被取消考试资格；上班后，你要遵守企业的各项规章制度，不得迟到早退。可以说，各种秩序的存在规范了我们的日常生活。虽然秩序是看不见摸不着的，但是没有了它，我们的生活就会陷入一团糟的局面。

秩序渗透到了日常生活中的方方面面、各个领域。而社会主义市场经济之所以能够健康有序地发展，当然也离不开经济秩序。

先来解释下什么是经济秩序，经济秩序是建立在公正合理、主权平等、互相依靠、共同利益和合作基础上的国际间的经济关系体系。它是 20 世纪 60 年代以来，发展中国家为维护主权和独立，反对国际剥削、掠夺和控制，促进各国在平等互利基础上的经济合作与发展而提出的目标。

经济秩序是以怎样的形式体现在市场经济当中的呢？经济秩序主要包括：反不正当竞争秩序、禁止垄断行为秩序、合同行为秩序、广告行为秩序、商标行为秩序、工业产权转让秩序、反倾销秩序、定价行为秩序、计量行为秩序等。

那么，为什么要遵守经济秩序呢？换言之，如果人人都去打破秩序，我们的经济生活会变成什么样？

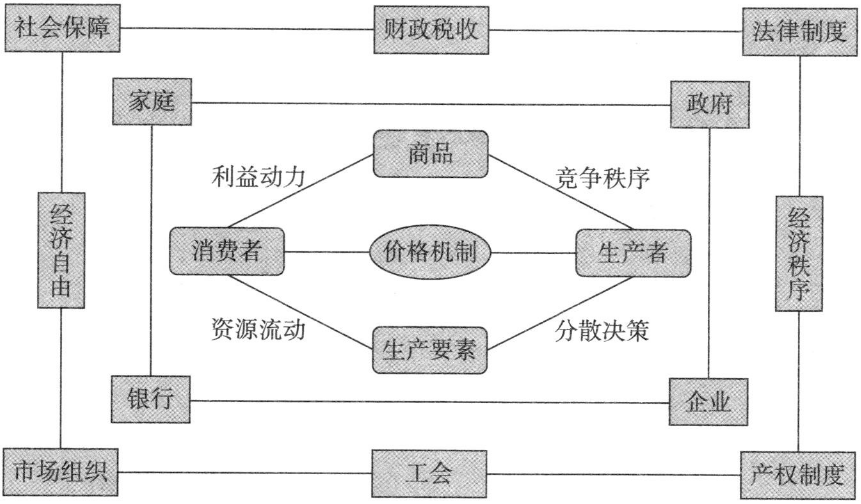

市场经济运行原理图

在 2002 年震惊全国的“黑心棉事件”中，再生棉被用作棉衣、棉被的制作原材料。这些棉花往往非常脏，而且又是硫酸等化学物质漂洗过的，对人的身体危害非常大。问题出现后，不少消费者深受其害，而国家的解决方式是颁布了《絮用纤维制品禁止使用原料管理办法》，将再生棉列入禁用原料的名单。

同年，广东、广西等地相继查出了毒大米，毒大米就是那些黄曲霉素超标的大米总称。食用了这些大米后，消费者会出现肺水肿、昏迷的症状，严重者可致命。

2006 年的地沟油事件再次触动了消费者的神经。地沟油并非是从地沟里挖出的油，它是一种质量差而且极不卫生的非食用油。它会破坏白血球和消化道黏膜，引起食物中毒，甚至致癌；江水吸纳了它还会造成水体营养化等环境问题。但为了利益，不少缺乏社会责任感和良知的不法分子还是长期地将其供应给街头小商贩。

一次性餐具我们都用过，在此之前，我们去饭店就餐时，使用的都是饭店提供的免费餐具。不知从何时起，所谓的卫生问题引起了有关部门的重视，饭店也就推出了一次性餐具。2008 年的时候，笔者有次和朋友出去吃饭，来到了一家小餐馆。服务人员给我们上了一次性餐具，起初只是觉得和以往使用的餐具不太一样。等结账的时候，才发现就是这两套餐具多收了 10 块钱。与此同时，服务员并没有告知我们可以在收费和免费餐具当中进行选择。

正是因为这些问题的存在，秩序的重要性也就凸显了出来。为了鼓励公平竞争，保障社会主义市场经济健康发展，国家出台了《反不正当竞争法》，该法规旨在规范和制止那些不正当的行为，保护消费者和经营者的合法权益。

2008 年年初，消费者冯某在山东某地某酒店胜利路分店就餐时，工作人员没有向消费者讲清楚可以选择收费与免费的餐具，收取了消费者餐具费 12 元。冯某将此事投诉到烟台市消协，该酒店胜利路分店的负责同志得知此事后，立即到消费者协会向消费者赔礼道歉，退回了多收的 12 元餐具费，并且补偿了由此而产生的其他合理费用。

几年前电视中出现的有奖问答环节的栏目不乏少数。某电视台在 2008 年的时候就曾为了吸引更多广告客户，而推出过一个名为“缤纷时刻”的栏目。该栏目集娱乐、休闲、广告抽奖于一体，每天向观众提出一道非常简单的问题。答对者会获得各种具有诱惑力的奖品，每月还有一次冲刺 10 万元终极大奖的机会。自从推出了这个栏目后，该电视台的收视率可谓是节节攀升，给同时段播放正规电视节目的电视台带去了不小的冲击，也让对方在无形中减少了自己的广告收益。而在《反不正当竞争法》中曾经规定抽奖类的有奖销售最高金额不得超过 5000 元。

为了对市场经济各个方面存在的问题进行整顿和结构的优化，一场有关市场经济秩序的战役正在悄然打响。要想完成秩序的进一步建立，就必须做到以下几点：

一、完善市场规则建设，这就要求有关部门出台相关法律，并做到执法必严；人民群众也要有法必依。

二、市场秩序混乱并非总是治理力度不够的问题，也有制定市场规则时没有理顺各方面利益关系的因素在里面。

三、加快法制建设的步伐。仅靠政府的行政行为来规范市场经济秩序是不够的，从普遍规律和我国的实践看，关键是要依靠法律的力量，把规范市场经济秩序上升为法律行为。

四、极大提高破坏秩序者的违规成本。

五、赋予人民群众以维护秩序、维护自身权益的更大权利。

经济秩序的建立离不开多方的参与和配合，人人都是秩序的制定者，人人也都可能随时打破秩序，建立新的秩序。秩序的存在是为人服务的，它的出发点并非是限制人们的自由。自由总是相对的，想要获得自由，就要先学会服从。

简单市场与供求模型

试想一下，我们为什么去逛超市？因为我们要买一些日用品。我们又为什么要逛商场或去电影院呢？道理同上，因为我们有这方面的需求。需求是形成市场的一个基础，没有需求也就没有市场，这也是市场经济的一个基本前提。

简单接触过经济学的人应该对“供求关系”这个词汇并不陌生，这里面就包含了“供”与“求”两方面。上面我们提到了“需求”这个词，那么“需”与“求”是一回事吗？事实上，这两个字不仅在字面上有所差别，在具体应用中也不能完全相互替代。

举个例子，对于一本书而言，出版社、书店和读者三者之间的关系就经历了从“供求关系”到“供需关系”的演变过程。而供需关系体现的是生产者、销售商和终端消费者三者之间相互依存的良性逻辑关系。这里的“供”与“需”，指的是双向的，而不是单向的。

既然供需关系是市场经济的常态，那么，供求关系体现的往往是总体经济形式的两个极端，即供不应求和供大于求。当然，当供求处于平衡状态下，就会呈现出供求均衡的局面。这三种供求状态，对我们的生活有怎样的影响呢？

一、供不应求。是指在一定时间内，市场上生产部门生产出的商品，也就是提供给人们消费的商品总额，小于人们在这段时间内满足物质资料生活所需要产品的总额。在这种情况下，需求大于供给，这时候市场就成了卖方市场，卖方处于有利地位。

二、供大于求。是指在一定时间内，市场上生产部门生产出的商品，也就是提供给人们消费的商品总额，大于（超出）人们在这段时间内满足物质资料生活所需要产品的总额。在这种情况下，供给大于需求，这时候市场就成了买方市场，买方处于主动地位。

三、供求均衡。是指在一定时间内，商品的供给与人们的需求达到了理想的对等状态，即供给刚好满足需求。这种平衡只是种趋势，只能是相对的平衡，这需要在严格的假定条件下才能实现。在这种情况下，买方和卖方处于对等关系，双方的关系是相对和谐、稳定的。

纵观历史长河，我国总体经济态势发生根本性的转变是在1996年，自1996年后，我国从卖方市场逐渐过渡到了买方市场。

我国曾经历过的“书荒”时期。那时候的出版社和书店生意非常火爆，从业者也从中狠赚了一笔。即便处于供不应求的卖方市场年代，出版社和书店之间也还是存在着“供求”关系。各种图书资源稀缺，出版社长期处在被“求”的状态下，十分幸福。

造成书荒的原因无外乎三点：一是“文革”期间对知识的禁锢，导致改革开放初期，在解放思想的思潮涌动下市场出现了“井喷”的局面；二是当时的人手和生产资料都十分短缺，这就导致了出版社的生产资料不足，图书产量降低；三是面对突如其来的改革，出版社也需要一些时间来转变思想，将“过去时”的状态转变成“现在进行时”。

不过，书商的好日子没持续多久，到了1997年事情就变样了。随着我国总体经济态势由“卖方市场”向“买方市场”的过渡，出版社和书店的关系也就发生了戏剧性的逆转，由之前的供不应求变为了供过于求。

不少人将出版社和书店作为供求关系的一个模型进行讨论，认为二者之间的关系受供求影响最大。但是影响市场的因素难道只有供求关系吗？于是，很多人又喊出了“渠道为王”的口号，也因此引发了旷日持久的讨论。那么，到底是“渠道为王”还是“产品为王”呢？在这里，书店指的是渠道，而出版社的书籍则是产品。

在买方市场最终成为一个永久性的趋势下，供求关系是否应该成为市场的主导，也就是出版社和书店关系的主导，问题的答案需要我们仔细思考。

“渠道为王”和“产品为王”其实并不矛盾，它们是并存的，是硬币的正反面。什么是“渠道为王”呢？这其实是站在制造商的角度来说的，意思是定位相同的产品关键看谁拥有渠道，谁便拥有了天下。而“产品为王”，则是站在销售商的角度来说的，意思是在相同的渠道下关键看谁选择的产品更及时、更准确，好的产品是决定渠道成败的关键。因此，渠道和产品从来都不是相互独立的，二者是相互需要、相互依存的关系。

简言之，没有渠道就没有产品的流通，没有产品也就无所谓渠道。古语有云，水到渠成，这句话就十分巧妙地论述了两者之间的关系。渠道的性质则取决于产品的性质，在管子里注入清水，它便成了一条清水渠；注入污水，就成了一条污水渠；注入石油的话，则成了一条石油管道。有怎样的产品，就有怎样的渠道；反之，不同的渠道也会给产品带来不同的影响。

因此，对于供应商来说，做好功课，及时掌握市场动态，准确地创造顾客价值，及时地满足市场需求，才是当前最为重要的事情。相反，如果将有限的精力都用于所谓的“下游”即营销上，无论活动多吸人眼球，也难逃舍本逐末之嫌。

而在供求关系中，只有双方互相需要，在合作中共赢，才能真正建立起平等的伙伴关系。也只有这样，供求关系才能向平稳且均衡的态势发展。到了那个时候，生产者、销售商和终端消费者才能真正地实现三方共赢，市场才能蓬勃健康地发展。

价格：市场的信号

价格，在经济学领域指的是商品价值的货币表现形式。资源在需求和供应者之间重新分配的过程中，价格是重要的变数之一。而价格信号则是价格信息的一种，是人们对特殊价格信息的别称，指的是它对商品生产、流通、消费等经济活动的指示作用。

逛菜市场，商贩一喊菜降价了，我们潜意识里就会觉得是它的供应量增加了；而某种青菜的价格在上涨的同时，我们也会发现它的供应量确实有所减少。因此，价格其实是一个灵活的经济指标，供求关系、货币流通量乃至产品结构是否合理都可以在其身上得到淋漓尽致的体现。

可以说，小到企业管理大到国家宏观调控，价格都发挥着不可替代的作用。具体来说，企业可以根据价格信号的指示进行产品结构的调整，增加或减少产品产量，使自己在市场竞争中占据有利的地位；而国家则可以根据价格这一信息及时掌握市场的运行情况，从而根据物价动向，及时采取有效的调控措施。

都说价格是市场的信号灯，它的作用主要体现在反映市场供需关系上，因此，价格也称供需关系的晴雨表。当商品供过于求时，价格就会下跌，供不应求时，价格就会上涨。所以，当某种商品价格突然大幅上涨，说明它已供不应求，价格上涨则是为了限制需求。而价格下跌的道理同上。

价格反映供求关系，供求关系的变化也会影响价格。

一、供不应求

众所周知，河南中牟县是全国大蒜的主产区之一。丰收的季节，蒜田里随处可见蒜农们忙碌的身影。而前几年的“蒜你狠”也给众多消费者留下了颇为深刻的印象。那一年，河南受冷空气影响，早熟的蒜受到了较为严重的摧残，导致产量的降低。但老百姓对于蒜的需求却并没有因此而减少。

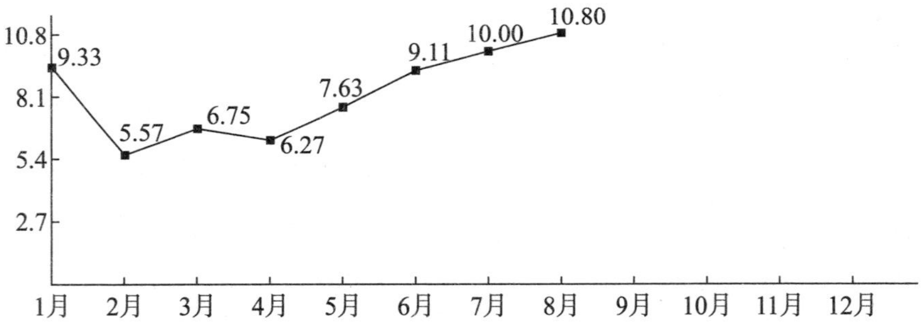

完全反映市场的价格：2016 年某地大蒜的价格走势

部分不法投机商大肆收购大蒜，囤积居奇，来造成一个供不应求的假象。他们将大蒜保存在冷藏室中，待市面上的大蒜少了再哄抬蒜价。这样一来，大蒜售价最高时甚至达到每公斤 14 元，一吨就能卖到上万元。

而在“蒜你狠”的行情下，产量下降、市场供求不足是其决定因素，虽然里面也不乏投机商人的煽风点火。

和“蒜你狠”一样出名的还有“姜你军”。2009 年受气候影响，各地的姜产量均有所下滑。在山东最大的姜蒜批发市场中，姜的价格在短短一天之间就涨了近五成。而造成这种结果的原因无外乎是因为姜供应不足而需求却有增无减。

与供不应求相对的另一种极端情况就是供大于求。

二、供大于求

西瓜是夏天必备的消暑佳品。随着西瓜的大面积上市，其零售价从当初的每千克 2.4~2.6 元下降到每千克 1.6 元。关于西瓜为什么价格先涨后跌，一经营者表示，此前的半个月正好是大棚西瓜快销售完毕的时候，再加上天气干旱又有冰雹灾害，此时的西瓜价格也就到达了峰值。

之后，露天西瓜大量上市，市场上的西瓜供应量迅速增加，而人们的需求却没有改变，就形成了供大于求的局面，西瓜也就降价了。

我们在文章的第一段给出了价格的定义，认为价格是商品价值的货币表现。在任何情况下，都是如此吗？

水是生活必需品，钻石却是奢侈品。众所周知，在常规情况下，水是人人都喝得起的，而钻石却未必人人都戴得起。在沙漠地区，水比钻石贵的现象却时有发生。这又是什么原因所导致的呢？

一般情况下，水几乎随处可见（在此不考虑荒漠干旱地区，地球上几乎处处都有水，包含大气层中的水汽）；而钻石，是蕴藏在地表底下，且必须经过时间与适当的条件才能形成（在此不考虑人工钻石而单纯考虑自然钻石），供给非常少。就供应量来说，水的供应量大，因此价格就相对较低；而钻石的供应量小，价格也就相对较高。

另外，水是人们的生活必需品，所以它的价格一定要低到所有人都能承受才可以；而钻石你不管是否拥有它，对你的生活都不会造成多大的影响。因此，钻石的价格即便再高，对于不想购买它的人来说也是无所谓的。在这里，价格起到的又是维持社会安定的作用。

此外，价格水平与市场需求量的变化也是密切相关的。一般来说，在消费水平一定的情况下，市场上某种商品的价格越高，消费者对这种商品的需求量就越小；反之，商品价格越低，消费者对它的需求量也就越大。

再拿去菜市场买菜举例，当某种青菜的价格已经涨到天价的时候，很多人都会选择不买或者少买。原因很简单，市场上可供选择的菜不止这一种，它不具有不可替代性。因此，价格的变动才能起到调节消费者需求量、需求方向以及需求结构的作用。如果食盐涨价，我们会不买或者少买吗？当然不能，因为我们别无选择。因此，价格调节市场的需求量存在一个前提，即它能够调节的是大多数可替代性商品。

市场失灵和羊群效应

故事发生在土耳其东部的一个村庄里。牧民还像以往一样将羊群赶到一片草地上，出人意料的事情发生了，领头羊毫无征兆地跳下了悬崖。于是，其他的羊也争相效仿了起来。其数量之多，动作之快，让人深感不可思议，就这样，数以百计的羊丧了命。

有经验的牧民都知道领头羊的重要性，如果头羊跳过横在路上的一根树枝，那么其他的羊也会跟着效仿，第二只、第三只，也会跳过去。哪怕人们将树枝拿走，小羊们走到那里的时候还是会向上跳一下。这种有趣的现象，就是我们今天要说的“羊群效应”。

什么叫羊群效应？看了上面的例子，相信你心里已经有了答案。是的，羊群效应其实是一种跟风现象，它是一种个体的从众心理，用盲从来形容应该更为恰当。头羊在羊群中的地位可谓是举足轻重，因为无论它做什么，后面的羊都会不假思索地效仿。

如果头羊向东跑去，那么就算西面是遍地的鲜草，羊群也会弃之不顾，跟着向东。这种现象如果放在人身上，其实是很可怕的。因此，从众心理很容易让人陷入预先设定好的圈套或给人造成事业上的失败。

羊群效应虽然以羊来比喻，但却真切地发生在每一个人类竞争激烈的行业中，而头羊则是该行业的领先者。他往往在这个行业中占据主导地位，他的一言一行都会影响其他从业者的盲目跟风。他去哪儿捞金，其他人就会紧随其后。

詹姆斯·瑟伯在描述羊群效应的时候，讲了一个有趣的故事。大街上，一个人突然跑了起来，也许是突然想到要办一件紧急的事情，也许是忘了赴一个重要的约会，总之他突然向东跑去。恰巧，第二个人是个报童，他也向东跑去了。第三个人是一个胖绅士，他一脸着急地也跑了起来。整条大街，只有这三人有向东的理由，没承想，街道上其余的 2000 人也紧随他们三人的步伐。在嘈杂的人群中突然传出一个老妇的声音，似乎是“大堤”这个词，却突然被人喊道“决堤了”，就这样，2000 多人一路向东，怀着一个共同的信念，向东去，东边更安全些。

这个故事恰如其分地揭示出了人们的从众心理，往往会因为个体的反应而失去自我的基本判断。羊喜欢凑热闹，人又何尝不是呢？

关于人们的盲目跟风，还有一个笑话。

一位石油大亨参加天堂会议，发现自己的座位被占了，急中生智喊了一声：“原来石油藏在地狱里！”在场的其他石油大亨听到“石油”两个字，纷纷向地狱跑去。很快，座位由刚才的座无虚席变得空空如也。见大家半天没回来，这位大亨心里开始犯嘀咕了：“难道地狱真的有石油吗？不行，我也得去看看。”

谎言的最高境界是骗过自己，也许有人会觉得石油大亨傻，也有人会认为石油大亨的谎说得很聪明。不管大家怎么看待，都应该对羊群效应有一个更深切的认识。羊群是毫无组织与纪律可言的，有的时候人也是一样。面对领头人的决策，往往选择盲从，失去动脑的能力，不相信自己的判断。而盲从往往会让自己陷入骗局或遭受失败的打击。

法国科学家让·亨利·法布尔也做过一个关于羊群效应的实验。他将一群松毛虫首尾相接地放在花盆边缘，又在花盆的不远处撒了一些它们爱吃的松叶。松毛虫开始一个跟着一个地绕着花盆绕远，这一走就是几天几夜，不少松毛虫因疲累饥饿而死去。而在这个过程当中，只要有一只松毛虫稍不留神改变了路线，它们就能吃到可口的松叶。

不过，任何事情都有两面性，羊群效应也是如此。它虽然有很多弊端，但也不见得就一无是处。市场具有信息不对称的属性，在这种情况下，如果自己无法获取第一手信息。那么，看别人怎么做，其实也不失为一个明智之举。羊群效应在某种程度上还可以起到示范学习和聚集协同的作用，这对于手无缚鸡之力的弱势人群来说无疑起到了保护伞的作用。

如何能扬长避短，将羊群效应发挥出最大的作用，其实是我们需要考虑的问题。

引导市场的边际效应

什么是边际效应，生活中我们总能听到这个词，但又无法直观而准确地说出它的定义。边际效应是经济学领域一个基本的概念，大意如下：企业的第一次投资往往比之后第二次、第三次投资所得的利润要大。每一次投资所得利润与上一次投资所得利润之间的差就是边际效益。

与其这样生硬刻板地啃定义，不如用一个生动形象的例子去加深对它的理解。经济学也许会让你觉得枯燥，但美食的诱惑似乎总是无处不在的。对于一个几天没吃饭的人来说，哪怕平时再挑食，见到食物的瞬间也会快速地吞下去吧。

饥肠辘辘的你路过街边的馒头铺时，飘来了馒头的香味。你快速在兜里摸索着，剩下的钱刚好够买 5 个馒头。

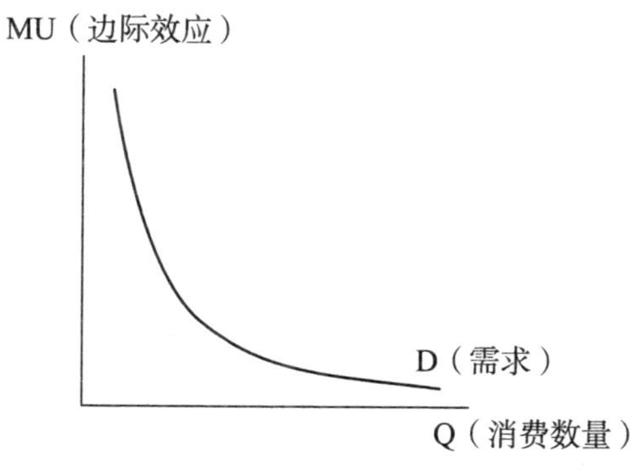

简单的边际效应曲线

你喜出望外，快速地吞下了第一个馒头，幸福感油然而生，这时，边际效应的神奇作用便体现出来了。

饿的时候往往第一口吃进肚子的东西最有缓解饥饿的效果。所以，第一个馒头即使卖出包子的价格，我们中的大多数人也还是会不加犹豫去购买的。

但到了第二个、第三个馒头的时候，边际效应就开始呈现出递减的趋势。如果第三个馒头就可以让你吃饱，还有人会去吃第四个、第五个馒头吗？答案是否定的，因此，第一个馒头无论是在价格上还是在心理上总会好过其他。

这个例子告诉我们，每支出一个馒头的价钱时，就会在我们的肚子里产生效益，我们的肚子也开始感知其价值。如果你对于馒头的需求从第一个开始，向最后一个逐渐递减，那么回归到正题，这就是我们现在要说的边际效应。

认为经济学很枯燥的朋友，不妨将生活中的例子带入进来，用有趣的视角去看待它。它可能是一个馒头带给我们的思考，也可能是一次网购带来的惊喜，总之，它是极为实用，需要我们去探索和钻研的学问。

为了让大家能更好地认识什么是边际效应，再给大家讲一个有趣的故事，希望能在博大家一笑的同时，用更加生动形象的方式将边际效应讲透彻。

德国克雷洛夫寓言故事里，也提到了关于边际效应的概念。寓言的主人公是位喜欢做汤，并且把汤做得十分美味的先生叫杰米扬。他精湛的厨艺自然是他引以为傲的资本，只要一有朋友在场，他都会给大家露两手。

最近，他在家举行了一场派对，朋友都来品尝他美味的汤。一个从未尝过他手艺的朋友来到家里做客，汤的香味从很远的地方传来。朋友闻香赶往，恰巧碰到从厨房走出来的杰米扬。他一边忙着摘下围裙，一边招呼着朋友坐下，打算给他盛汤。

他将第一碗汤递给朋友的时候，得到了大大的好评。他急忙为朋友去盛第二碗，此时朋友的神情已经变得有些为难了。不由分说，他又盛了第三碗。此时，朋友已经难以下咽了。等到他去厨房为朋友盛第四碗的时候，朋友早已落荒而逃。

虽然这则寓言看起来像一个笑话，但其背后揭示出的规律，才发人深省，这就是——边际效应递减规律。

如果上面的故事放到经济学上，那么，反映出的经济学现象也同样引人深思。同样数量的资本投入，随着投入的不断增加，总收入虽然也是增加的，但是就每一次投入所获得的收入来说，其实是呈现出一种不断减少的趋势的。

而这里资本投入指的就是上面提到的馒头或者汤，总收入指的是肚子里的馒头或者汤，每一次投入所获得的收入是每一次对馒头或汤的需求感。

一碗再美味的汤，喝多了也会索然无味；同样，一位再漂亮的美女，看多了也会审美疲劳，远不如第一眼来得惊艳。这就好比恋爱，初恋总是给人最深刻的印象。第二次恋爱，虽然也能刻骨铭心，却总是差了那么一点味道。更别说第三次、第四次了。到最后，也只是延续恋爱的流程，却失去了当初小鹿乱撞的感觉。你看，随着投入的递进，它所产生的效用却是大不相同的。

恋爱如此，投资也是一样的道理。第一次投入资本所产生的收益和最后一次产生的收益相比，可以说有天壤之别。工厂为发展生产雇用工人，往往第一个雇用的工人和最后一个雇用的工人在产量的增加上是有很大悬殊的。

蔡继明曾说，目前中国经济增速放缓，尤其是经历上一轮大规模投资刺激后，传统项目边际效应正在迅速下降，因此走城镇化道路成为新的刺激点。

因此，一次同样的投资机会，在市场紧缺时和市场饱和后投入，所达到的效果是完全不同的，前者的收入比后者要高得多。如果你的投入已经超出了市场需求限度，那么你很可能不仅不会得到任何收益，还会血本无归。

在边际效应逐渐减少的时候，就要谋求新的利益增长点，第一个吃螃蟹的人，往往品尝到的是螃蟹的美味，最后一个吃螃蟹的人，如果效仿不好，没准还会被螃蟹夹伤。尤其是企业，一定要注重创新，不要固守一个已经过时的投资项目，将目光放远。另辟蹊径，往往会收获意想不到的成果。

第四课

博弈——博弈智者就是经济强者

博弈论：与信息有关的战争

博弈论这个词汇时常出现在我们的生活中，深究之下却也说不出个所以然来。博弈一般被人们认为是两个人在下棋，主要研究对象就是象棋、桥牌、赌博，目的是通过信息的收集来判断对手的下一步计划，从而想出办法将其打败。

博弈论被引入经济学中已经是20世纪40年代的事情了，当时冯·诺伊曼和摩根斯顿合作出版了《博弈论与经济行为》一书，第一次系统地论述了博弈论在经济学中有何效用。

博弈论的应用范围随着时间的推移越来越广泛，它涉及了经济学、政治学、军事、外交、国际关系、公共选择等多个领域。当个人、团队及其他组织陷入困境时，总能依靠收集到的信息，对对方可能做出的选择进行预判，对自己下一步的选择进行决策，而这一过程，则是博弈的过程。

世事如棋。人生都如同下棋，落子无悔，因此每走一步我们都要分外谨慎。在生活这副看不见、摸不到的棋盘上布满着我们的每一个选择，每一个选择都会幻化成一个棋子。精明慎重的棋手往往能下出一个精彩纷呈、变化多端的棋局，因为他们擅长揣摩对手的内心，从而对其进行牵制，进而做到后发制人。

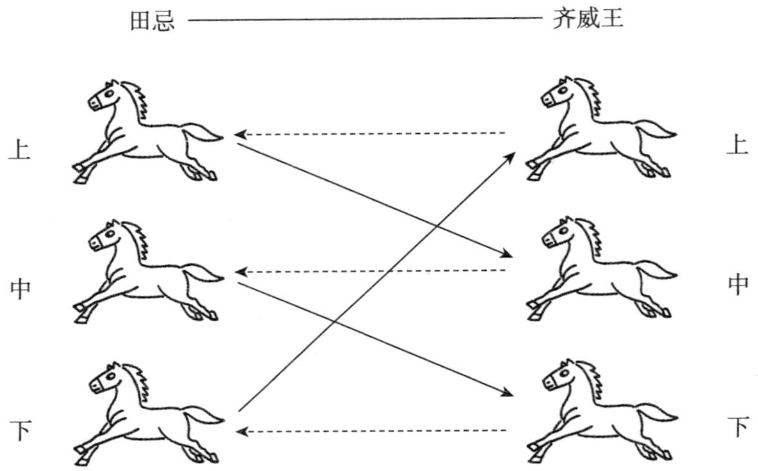

田忌赛马中的博弈

田忌赛马的故事我们都听过，军事家孙膑利用博弈论的有关知识最终帮助田忌在赛马中取得了胜利。齐王与田忌的比赛为三局两胜制，双方分别用上、中、下三种优劣不同的马进行比赛。于是，在该比赛中共有六种策略。而在同等级的马中，齐王的马均优于田忌的马，田忌的选择空间就被缩小了。

田忌最终选择的策略是：以下马对齐王的上马，以上马对齐王的中马，以中马对齐王的下马，从而取得了比赛的胜利。在这个小故事中，齐王的策略可以说是公开透明的，一个在明，一个在暗，所以要想做出正确选择其实不难。而日常生活中，竞争对手的策略是不公开的，需要我们去收集相关信息，根据现有信息进行分析，从而做出决断。

不过，在田忌赛马的故事中，田忌采用的是占优策略，即站在自己的立场上，无论对方如何选择都能避免出现最糟糕的结果，实现自己的最大利益，这种方式在现实中的应用非常广泛。

现实生活中，我们经常遇到两车相向而行在一条狭窄的路上这一情况。俗话说“狭路相逢勇者胜”，这句话在此种情况下根本行不通。一个冲动直接撞上去，极有可能导致两车同时车毁人亡，最终都变成受害者。不管一方前进、一方倒退还是两方都倒退，总有至少一方会损失时间。

这时，就涉及斗鸡博弈的相关概念了。如果两位车主分别用甲乙代替，这个时候会产生四种策略，在标准式的矩阵内，可以选择甲：乙=前进：后退或甲：乙=后退：前进，即其中一个选择后退，来达到纳什均衡。如果两方都不愿意牺牲自己的时间，就只会造成两败俱伤的后果。这时，其中一方的小小牺牲反而会给双方带来好处。

除此之外，生活中，我们看电视的时候是看中央一台还是中央六台，在恋爱中是继续还是分手，出门散步是向左走还是向右走，去菜市场是买白菜还是买西红柿，都涉及博弈论的相关知识。

而博弈论在经济生活中的应用才是最为广泛和成功的，它涉及了经济生活的方方面面，如企业对自己生产商品的定价、新产品如何进行宣传、如何与其他公司进行业务谈判等。我们一定或多或少听说过生产同种商品的厂家降低价格来扩大商品的市场份额，以此来击败对手的例子。

在两家公司实力相当和市场份额既定的情况下。在甲看来，无论乙如何选择，对他而言实行薄利多销的销售政策，扩大自己的市场份额都是最好的选择。如此一来，甲都会实现赢利的目的。以上为甲公司的占优策略。

面对甲公司的举措，乙公司应该怎么做呢？它也有两个选择，要么降价，要么维持原价。但如果乙选择后者的话，就意味着它要眼睁睁地损失掉原本属于自己的市场份额了。虽然降价在短期之内会损失掉乙的小部分利益，但从长远考虑，还是利大于弊的。明智的做法是乙也进行降价。既然同时降价，就会涉及降价幅度的问题，于是，双方挑起了一轮轮价格大战。

在这场大战中，了解对方的降价信息，就可以掌握战争的主动权，从而获得最后的胜利。俗话说“鹬蚌相争，渔翁得利”，这渔翁指的就是消费者。消费者确实会在甲乙的价格战中以更优惠的价格买到同等质量的商品。

人与人之间，厂商与厂商之间存在博弈，国家与国家之间也会有博弈的存在。有关我国钓鱼岛的问题，实际上就是中日之间的一场战略博弈。这种博弈往往会影响到国家安全，乃至世界和平。

博弈论在生活中的广泛运用，对企业管理观念的转变及管理方式的优化都起到了重要的指导意义；对于个人而言，它也为我们找到最优解决方案提供了一条捷径。而在这中间，我们也看到了信息在博弈论中起到的重要作用。我们的一切判断和决策，都是基于手中掌握的信息而言的，因此，想打好这场硬仗，既要有理论，也要掌握有价值的信息。

零和博弈与负和博弈

关于零和博弈有一个小笑话。两个经济学家走在路上，看到一堆狗屎，甲对乙说，吃了这堆狗屎我给你 100 万，乙没经受住诱惑，吃掉了那堆狗屎。走了一会儿，又出现一堆狗屎，乙说道："吃了那堆狗屎，我给你 100 万。"这次换甲将其吃下，作为回报，乙又把 100 万交回到了甲手中。

走了一会儿，乙突然反应过来："不对呀老兄，你给了我 100 万，我又给了你 100 万。我们两个什么都没得到，却吃了两堆狗屎。"甲思考了一会儿，回答说："虽然如此，我们还是创造了 200 万啊。"

这个笑话反映出的是零和博弈的概念，零和博弈又叫"零和游戏"，属非合作博弈。它的定义是：参与博弈的各方，在严格竞争下，一方的收益必然意味着另一方的损失，博弈各方的收益和损失相加总和永远为"零"。这也就是我们经常说到的将自己的快乐建立在别人的痛苦之上的"损人利己"的博弈。

游戏中的双方因为谁都不想吃亏，所以就会使尽一切手段获取成功，虽然在一定时间内双方之间的角逐有高有低，但总体来说，既无法实现个人的最大利益，又无法实现集体的最大利益。谁都不想吃亏的结果，必然是谁都有可能是受害方。

互相较量的双方总会有一个输或者赢的结果，输的如果扣一分，赢的加一分。那么，输赢双方的得分相加就是零。这就是零和游戏的基本内容，一方胜利，一方失败，游戏的总成绩为零。

石油作为不可再生能源，在现代国际关系中发挥着日益重要的作用。一场场石油争夺战正拉开序幕。我国和日本同样是亚太地区的经济强国，独特的经济、地缘以及政治关系决定了两国不可避免的竞争关系。俄罗斯远东石油管线，是两国的必争之地。

俄罗斯是世界上的储油大国，又是中国和日本的共同邻国。对于两国来说，去俄罗斯寻找石油资源是最佳选择。

经中日双方同意，俄罗斯完成了修建安大线输油管线的规划。日本方面趁机提出条件，如果俄罗斯同意其每天向俄罗斯购买100万桶石油，日本还会为俄罗斯提供135亿美元作为开发油田和修建线路的经费。面对如此诱人的合作条件，俄罗斯方面实在找不到拒绝的理由，但和日本合作，就必然会损害中国的利益。

在这个例子中，中国和日本之间的石油管线之争就类似经济学上的零和博弈。做人如同经商，都要讲求双赢互利，毕竟“损人不利己”的事情聪明的商人是不会感兴趣的。零和游戏就相当于一场赌博，总有一方欢喜一方忧。

觉得零和博弈已经很糟糕了吗？那就再来了解一下负和博弈吧。相信大家都听过三个和尚的故事，一个和尚挑水喝，两个和尚抬水喝，三个和尚没水喝。看似简单的故事背后其实蕴含着极为复杂的经济学定律——华盛顿合作定律。意思就是说，一个人敷衍了事，两个人互相推诿，三个人则永无成事之日。而这与博弈论中所提到的“负和博弈”原理十分接近。

负和博弈，是指双方冲突和斗争的结果为得不偿失、两败俱伤的情况。不仅双方各有损伤，其结果的总和还为负数。在生活当中，这样的例子比比皆是。

小时候，我们总为了一两件心爱的玩具就与小伙伴发生争执，争执不下的结果往往是大打出手，最后摔坏了玩具，打伤了对方，两人谁也没有得到。那么，负和博弈又是如何产生的呢？

其实，这和人的心理有关。如果双方都想得到一件东西，但这东西只有一个，两人不能同时得到。此时，无论这件东西归谁所有，没得到的一方都会心怀不满。但如果两人都没有得到，反而还可以欢欢喜喜地继续做朋友。

企业之间也是如此，都说商场如战场，在一场场不动声色的竞争中，这种两败俱伤的例子实在是数不胜数。为了打倒对方，自己不惜付出惨痛的代价，往往结果是其他对手坐收渔翁之利。

2010 年，奇虎 360 与腾讯开启了互联网界巨头之间的争夺，一时间为江湖蒙上了一层腥风血雨的阴影。最终，这场争夺战以腾讯的胜利而告终，但事情远远没有结束。

最终判北京奇虎、奇智软件以及三际无限三被告停止发行使用涉案 360 隐私保护器，删除相关网站涉案侵权内容，在 360 网站首页及《法制日报》公开致歉 30 日，并赔偿腾讯损失 40 万元。

腾讯和 360 各自都有数以亿计的用户，两者之间的互相指责也让广大网友看了一场好戏，而且这场戏也在不知不觉间影响到了人们的生活和工作。

谁对谁错并不是网民所关心的，网民真正关心的是自己的切身利益是否受到侵害。腾讯方面表示，如果用户用了 360 杀毒软件，那么就无法运行 QQ 软件。这引起了广大网友的反感，虽然腾讯最终获胜，但也让消费者看清了腾讯的竞争手段和网络“垄断”的本质。

市场的恶性竞争就好比一场负和博弈，既毁了自己，又毁了别人。不仅没获得利益，还殃及了整个行业，沦为罪人。求和求财是经商的根本目的，遇事如不动用智慧冷静、理性地处理，会给自己带来很多麻烦。只有避免那些不必要的冲突，尽可能地减少双方的损失才是王道。

纳什均衡：完全信息静态博弈

去超市购物之后要付钱这是常识。买完准备结账走人的时候，却发现收银台边早已排起了长长的队伍。推着满车商品的你，该如何选择呢？

队伍里的每个人都有一个共同的心愿，那就是尽快离开超市。为了达成这个心愿，你决定找一个最短的队伍，快速补上去。与此同时，购物者看到队伍人少，也会立马走上前去。过不了多久，短队伍也就和长队伍没有区别了。因此，摆在你面前的最佳选择就是就近排队，这样为你省去了不少寻找短队伍的时间。

如果不从队伍长短，而从时间上来考虑这个问题，结果也是相同的。这是什么意思呢？我们在排队的时候不仅要考虑到队伍的长短，通常也要注意到它的移动速度。如果摆在你面前的有两队，一队人比较少，但全由老年人构成，双手还在不停发抖；另一队人比较多，但都是小伙子，且购买的东西也较少。你会如何选择呢？这时，已经没必要再去浪费选择队伍的时间了。

除队伍人数会影响移动速度外，收银员的操作熟练度也是决定快慢的关键。但你又不清楚哪位收银员的效率更高，最佳选择还是替补上就近的队伍。

这就联想到了经济学中常提到的均衡理论，何为均衡？它其实是一种皆大欢喜的状态，通常双方的实力均衡，人人自不必争抢，也能获得属于自己的那一杯羹。有时候，均衡也是一种作茧自缚的状态，每个人都要在别无选择的情况下，被迫做出选择。不管你喜欢与否，摆在你面前的是唯一的选择，也可以称为最好的选择。

均衡原理，也被称为纳什均衡，是数学博士约翰·纳什研究出来的。那时他还在普林斯顿大学搞研究。

其基本理论是这样的：假设有 n 个局中人参与博弈，给定其他人策略的条件下，每个局中人选择自己的最优策略（个人最优策略可能依赖于也可能不依赖于他人的战略），从而使自己利益最大化。所有局中人策略构成一个策略组合。

而纳什均衡指的就是这样一种战略组合，它由所有参与人的最优策略组成。可以说，它也是一种非合作的博弈状态，但参与者又没有任何理由打破这种均衡。生活中的很多现象都可以用这种均衡原理来解释。

均衡的基本原理是什么意思呢？其大意就是，当对方的决策是确定的，这时的决策往往是最优的；反之则很难是最优的。

四个男士走在马路上，见到四位女士和一位闭月羞花的女子，他们会怎么选呢？如果是你，你会怎么选？爱美、追求美是人的天性，但天性之外也蕴含理智。绝世美女的身边总是不乏追求者，这个道理四位男士也知晓。

为防止赔了夫人又折兵的事情发生，这四位男士转而追求四位姿色稍微平庸一些的普通人，也就不难理解了。人贵有自知之明，当设定的目标高不可攀时，不如转向更为适合自己处境的逢迎策略。这也就可以解释，为什么社会上的大龄剩女越来越多，而这部分女性偏偏个人条件又极好的原因了。

印度米塔尔在2006年的时候企图收购欧洲最大的钢铁公司安塞尔，与此同时，安塞尔找到中国宝钢，希望宝钢可以认购其股票。国家各部委就是否认购安塞尔展开了激烈而持久的讨论，就在此时，等不及的安塞尔已和俄罗斯的一家公司签订了合同。

故事到这里还没有结束，米塔尔最终仍旧如愿收购了安塞尔，俄罗斯的公司，也获得了巨额赔偿款。如果用纳什均衡的理论来分析，中国政府其实错过了一个绝佳的机会。无论收购是否成功，对中国方面都是百利而无一害的。收购成功，双方欢喜；收购失败，我们也能从中获得一笔数目巨大的赔偿金，何乐而不为呢？

中国政府在犹豫不决的同时，安塞尔也并没有停止寻找下一家公司的步伐。对安塞尔来说，中国政府如果能够收购是再好不过的，如果不能，给自己多一个选择也没坏处。

众所周知，中国的房地产经济一直颇为动荡，房价一路飙升，购房者的热钱却没有因此而削减。在北京、上海等一线城市，房价的涨幅一度达到了82%。与高价格随之而来的是世界领先的房屋销量，这让很多人深感不解。

原来，这是房地产商的一种炒作方式，他们为民众带去一种房价只增无减的错觉，拉高了人们对房地产的期望值，于是就出现了上述的奇怪现象。

购房者当然是希望价格越低越好，但价格肯定受地段因素、物价水平和供求关系的影响而浮动。虽然房地产商的炒作造成了房价的恶意上涨，但一个巴掌拍不响，消费者也起到了推波助澜的作用。

不过，如果开发商为了保护消费者利益，适当对房子进行降价处理。那么，随时关注房地产动态的急需买房者也会考虑入手。从这个角度来说，双方完全可以互利共赢，但长期来看，买卖双方只有熟练地运用纳什均衡理论，才能从容地应对瞬息万变的经济社会，从而在更为长久的博弈中守住自己的利益。

囚徒困境：非零和博弈

关于囚徒困境，博弈论中有个非常经典的案例。甲、乙二人在协同犯罪的时候，被警察抓了起来，二人被分开审讯，毫无串供的时间和准备。摆在二人面前的问题是：如果双方都不招认，那么二人只需各判 1 年；如果二人同时招认，那么就要分别被判 5 年；如果一人招认，一人不招，招认的一方就会被立即释放，另一方则会面临长达 8 年的刑罚。

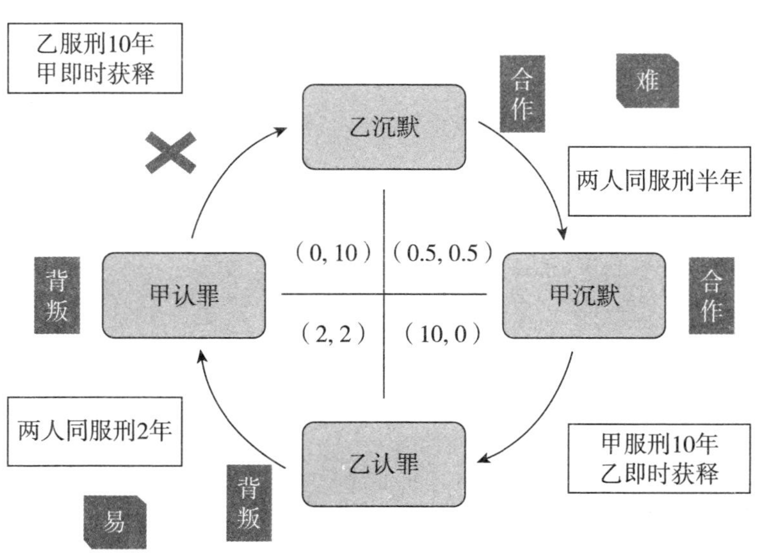

囚徒困境

在显而易见的事实面前，双方盘算了起来。甲的心理活动是："如果乙不招，我也不招，我们各判 1 年；如果乙招了，我不招，他会被立即释放，我却要被判 8 年；假如我招了，乙没招，我就会被立即释放。那我干吗不招呢？"

乙也不傻，想来想去也觉得招认的性价比最高。最后，甲、乙双方都如实承认了自己的罪行。关于囚徒困境这一概念，最早是数学家塔克在斯坦福大学的一次心理学演讲时提到的，如今被经济学领域奉为经典。

你如何评价这两个罪犯的做法？他们是聪明还是愚蠢？最好的方式是相互背叛还是相互合作？如果甲、乙双方没被隔离开的话，答案也许会截然不同。但在互相不知道对方做出如何回答的前提下，他们的选择其实是最佳的、最符合个体理性的选择。而囚徒困境最为有趣的一点就在于，双方的共同选择是该情况下的唯一平衡点，只有处于这个平衡点，任何一方的改变都会为自己招致最坏的结果。不过，在双方都否认的情况下，单方面的改变也会减少自己的刑期。

这意味着，在不知道对方底牌的情况下，背叛比合作往往能让我们得到更多。不确定对方是否合作，你的背叛至少可以保全自己的利益；如果对方即将背叛，你先于其背叛，对自己也毫无坏处；如果对方已经背叛，你选择背叛，更加合情合理。这个结论虽然有些令人心寒，但却实实在在地发生在我们的周围。

其实，囚徒困境反映出了两个问题，一个是自私的问题；另一个是对别人是否有信心的问题。案例中的两个囚犯无疑都是聪明的，然而，让我们颇为遗憾的是聪明的囚犯却得不到最好的结果。两个人招供，对个人而言是无可厚非的最优选择，却不是集体的最优选择，而两个人都不招供，其结果要好得多。

想要理解囚徒困境，就要理解什么是人性。大多数人都会在对手叛变之前选择先叛变。生活中，我们时常会遭遇囚徒困境。比如租房，你和四个人一起合租，家用电器公用，水电费、燃气费等都是大家平摊。一个人住的话大家都会省吃俭用，但一起平摊事情就不同了。大多数人在心里会认为其他人会浪费，于是都开始浪费，最后谁也没有占到便宜。

而在经济学领域中，各国之间的关税，无疑也是一种囚徒困境。摆在两个国家面前的总是两个选择，要么提高关税，阻止外国的商品进入以保护自己的商品；要么与对方达成关税协定，降低关税以利各自商品流通。

两国各自信守承诺双方相安无事，如有一方不遵守关税协定，私自提高关税；那么，另一方也会做出相应举措，一场关税战在所难免。往往结果是双方在互损利益后又会重新达成关税协定。

受冬季菜价高涨、流通环节成本过高影响，2016 年 4 月京鲁豫等部分地区的蔬菜价格下跌，一时间蔬菜市场出现了“菜贵伤民、菜贱伤农”的奇怪局面。而造成这一现象的原因不用分析也知道，问题肯定是出在了流通环节上。

蔬菜运输成本涨了，菜贩也会相应调高蔬菜价格，否则即使菜贩从菜农手里的拿菜价十分低廉也还是弥补不了巨大的运输成本缺口。菜降价了，损害的是菜农的利益；菜贵了，百姓吃不起蔬菜；运费涨价了，菜贩也要将蔬菜价格涨上去。就这样，三方陷入了囚徒困境难以自拔。

一道菜从田头到餐桌，需要经历多少环节？除去天气等非常规影响因素外，这中间还要经历收购、运输、批发、零售等多个环节。而每个环节的成本与利润虽有不同，却会集体反映到零售价格上。蔬菜的价格明明是降低了，而百姓却不能从中得到实惠。菜农的利益受损，消费者的利益也没有保全，这就说明，买卖双方都是市场菜价的被动接受者，对菜价的形成构不成影响。

这也说明了一个问题。如果有关部门不能做出公路减免收费、多方参与地方蔬菜批发市场建设、让城市菜场回归公益性质等一系列体制性改革，那么，“菜贵伤民、菜贱伤农”的怪圈就会持续出现。因此，不满足于现有的暂时性应急措施，从根本上对其进行改革才是应有之举，才能确保囚徒困境不会再次出现。

类似的情况，在中国的基金领域也时有发生。各基金管理公司经常对其他基金重仓而自己持有量不大的股票抛出大笔卖单，究其原因，是为了公司的排名。试想一下，当你的对手和你采取的是同一办法的时候，事态会怎样发展呢？除了基金重仓股大跌外，各只基金的最终排名其实并没有多大的变化。

精明的基金公司一早就已经想到了互相残杀的后果，但却纷纷甘于陷入囚徒困境。为什么呢？因为即使自己不砸别人的重仓股，别人也会来砸自己的重仓股，其结果还是自己的排名下滑，进攻才是最好的防守。

破窗效应与存量博弈

关于破窗效应有一个非常著名的心理学实验。两辆一模一样的汽车，一辆放在干净整洁的中产阶级社区，一辆放在杂乱无章的贫民区。之后，实验者将放置在贫民区的那辆汽车的车牌摘掉，将顶篷打开。实验人员做完这件事后就离开了。

第二天，实验人员发现，中产阶级社区中的那辆车依旧完好无损，像一位安静的美男子那样停在那里，在接下来的一个星期里，虽然它多了些灰尘，但是没有受到一丝损坏；而放置在贫民区的那辆车，第二天早已不见踪影，疑似前一天晚上就已被偷走。

通过这个实验，其实已经说明了一些问题。但“贪心”的实验人员却并不满足，又拿起手中的锤子，将“美男子”的玻璃砸出了一个大洞。他的狠心也得到了回报，几个小时过去了，那辆停在中产阶级社区的车子也被别人开回了家。

两辆被偷走的车子向我们验证了一个道理，就是破窗效应。一个人不小心将建筑物上的窗户打碎，而该处负责人又没有立即对此事作出处理，那么，社会上那些热衷于破坏的人们就会效仿前人去打烂更多的窗户。这时，如果负责人不立即将所有的玻璃装好，在这种不良气氛的暗示下，人们就会进行更为猖獗的犯罪，盗窃、抢劫这种事情甚至都有可能发生。

针对这种情况，清华大学孙立平教授曾在其著作中提道：“我国在改革开放中出现的种种病理现象，固然有社会制度层面的问题，但最根本的是制度表层底下的社会道德基础问题。道德底线是一个社会道德架构的基础，它指的是人们应该遵循的社会道德最低警戒线。道德底线不断被突破是一个时代道德失范最严重的现象。如果作为现代制度得以正常运行的道德基础结构被破坏，则必然会造成公民信心的丧失。”

而建筑物上破掉的玻璃就好比是一层层道德防线。当问题第一次出现的时候，如果没有人出面制止，就会有第二个人、第三个人更进一步地对其进行破坏。时间一长，就会滋生出越来越多的道德问题。那时，社会也就不再是安定和谐的社会，而是一个人心惶惶的的社会了。

将这个问题带入经济市场当中也是如此。市面上的一款假冒伪劣产品没有遭到任何抵制，也没有相关人士对其进行治理，尝到甜头的企业马上就会销售第二批、第三批质量更加残次的产品。不仅如此，在利益的驱动下，其他同行也会纷纷对其进行效仿。这样，市面上再难找到质优价廉的好产品，取而代之的是各类问题产品，其后果不敢想象。

经济市场是一个关乎百姓生死存亡的战场，守不好质量关，到头来百姓才是最大的受害者。因此，无论是市场监管部门还是商家都应该树立起正确的价值观和人生观，将服务大众作为基本的出发点。商家如果想要获取高额利润，可以从调整产品结构、提高生产效率、提高产品质量等角度出发，而不是铤而走险，置企业信誉和消费者安危于不顾。

说完了破窗效应，再说说什么是存量博弈，其字面意思指的就是存量之间的博弈。存量博弈这个概念如果用股票来解释的话就非常形象了：股市里没有外面的钱进来，长期就是这么些钱在里面打来打去，你赚肯定有人赔，你赔肯定有人赚。这也跟打麻将非常类似，长期都是这几个麻友在打，没有外人进来，输赢都在这几个人之间。

股票市场的存量博弈，其实跟中国经济转型很类似，都是一种增量控制下的存量博弈，形成很明显的结构性调整。

在存量博弈影响下的经济市场，时常呈现出你方唱罢我登场的态势。这和货币流通的概念比较类似，假设政府不印发其他货币，那么市场中流通的货币数量是固定的，不会多也不会少。处在货币流通各个环节中商家的盈亏都是此起彼伏有规律可循的，而他们的盈亏总是持平的。

经济学虽然简单，却可以给很多生活现象一个合理的解释。市场经济影响着社会生活的方方面面，也容易受到多方因素的影响。这也就造就了市场经济的复杂性和矛盾性。无论如何，当问题出现的时候，我们不能任其发展，应该采取积极主动的态度将问题扼杀在摇篮之中。

破窗效应告诉我们一个鼓破万人捶的道理，一个小问题如果得不到重视和补救，那么必然会引发一个个大问题，甚至整个经济也会因此而遭到损害。而存量博弈的有关知识也让我们了解到能量守恒定律在现实生活中的意义，这样，在得失之间，我们更能从容地应对生活中的坎坷。尤其是在投资股票的时候，了解相关概念，能让我们站在新的高度上，用相对宏观的视角做出正确的决策。

E C
C N O
2
经济学是生活法宝
M I
C S

第五课

经济学在投资领域的运用

投资与价值：投资最关键的一环，安全边际

想快速赚到钱就要学会投资，而投资最关键的一环是什么？是安全边际。这个词看似陌生，其实在投资领域中一直发挥着潜移默化的作用。安全边际，顾名思义就是指投资资本相对安全的一个边界线。安全边际的概念虽然很容易就能让人理解，但操作难度却很高，这条安全边际线着实不好掌握。

巴菲特说："价值投资的根本就是安全边际和成长性。"从这句话中能够看出，巴菲特十分看重安全边际的作用，他的每一次投资都要先寻求安全边际。即便是股票、债券、基金等，也有属于它自己的价值曲线，而这条价值曲线就是巴菲特所理解的安全边际。

安全边际虽然难以把握，但想让投资最大限度地降低风险就要看到其参考价值。投资之所以充满魅力，无非就是因为它的不可预知性。风险与机遇并存，才是经济市场的生命力所在。

想必读者都听过九根稻草压死一头牛的故事。当然，现实生活

中牛是不可能被几根稻草压死的，但是用这个故事来说明安全边际的道理实在是太贴切了。现在，让我们一同来分析一下。

如果九根稻草能压死一头牛，那么，四点五根稻草是不会压死一头牛的。当你将第四根稻草放在牛身上的时候，它还是安全的。为了让牛更安全，就要留出更大的余地，减重一半的时候，我们就到达了牛的安全边际，即四点五根稻草。

明明可以承受九根稻草的牛为什么非让它承重一半呢？因为留出一半余地的时候，它是最安全的。这样，即便发生一些我们无法预知的意外，牛还是安全的。

如果中途房梁上的稻草掉下来，或者邻居家顽皮的小孩也将稻草扔在牛身上，至少也能保障牛不会被压死。安全边际并不等于牛承重的底线，它是为牛留出的一个安全空间，这是很有必要的。

这也好比是造一座桥，众所周知，误差存在于我们生活中的每一个领域，造桥当然也不例外。为了确保施工的顺利进行，我们在测量和计算时总会留出一个相应的安全控件，防止因误差而带来的施工不便。

在生意场上，我们投资一家公司前，往往要做好充足的市场调研。即便前期的工作已经准备得很充分，也难保没有什么意外发生。这时候，安全边际的作用就发挥出来了。即便我们出了错，有了它的存在，也不会错得过于离谱而无法挽救。

投资有风险，经营一个企业也会有风险。当我们将安全边际的因素考虑进去时，即便经营失误，公司亏损，也不至于让我们落得个倾家荡产的结果。而投资股票、期货更是同样的道理，不顾安全边际的警告，最后难保不会血本无归。

国外银行股的市盈率普遍在 12~15 倍，中国 A 股银行股的市盈率仅跌到 5~6 倍，这说明什么？说明我国的股票已经跌到安全边际的范围之内了，这时将其买入很安全。

而巴菲特炒股为何赚多赔少？就是因为他能注意到安全边际的作用。他往往在安全边际之下买进很多，并在高于安全边际即风险时将其抛出。这样不仅收益很大，而且相对来说也较为安全。2013 年 2 月的时候，银行股涨了 40%~50%，其获利多少显而易见。当然，这样做的弊端在于周期较长，优势就在于相对较为安全。

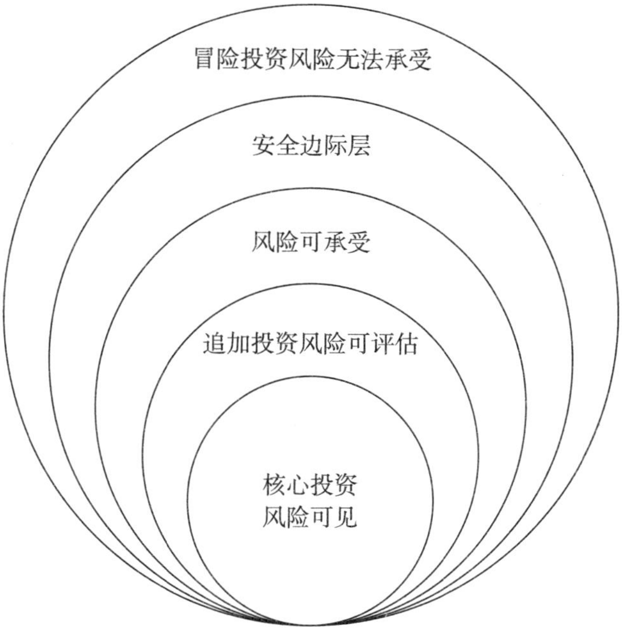

投资应该处在安全边际之内

都说股票如同赌博，胆子越大，收益越多。其实，这是对股市的误解。大多股市中的传奇人物都是“胆小鬼”，为什么这么说呢？因为他们都具备超乎寻常的理性。高风险高收益的股票通常不会成为他们的投资目标，那些相对安全的股票、证券，在确认过安全边际后，才能让其掏钱购买。常在河边走的人，只有时时刻刻注意到安全边际的存在，才能不湿鞋。

“胆小如鼠，胃口如虎”的股市高手都有自己的一套投资思维，他们的套路尽管出其不意，但原则却是统一的：注重安全边际。熊市还是牛市在投资结果出现之前很难进行界定，不仅如此，没有人能知道牛市中涨到多少会回调，熊市中跌到多少会反弹。

这些大神和小股民的区别就在于，他们不注重追涨杀跌的短线赢利，而是即便身处牛市，也当成熊市来做。安全边际，则是他们的保护伞，是绝对不能逾越的沟壑。

格雷厄姆是巴菲特最尊敬的一位导师，就是他率先提出股票投资中安全边际概念的。在1965年至2006年的42年间里，巴菲特掌管的伯克希尔公司净资产的年均增长率为21.46%，累计增长361156%。

在分享成功经验时，巴菲特说过：“格雷厄姆有三个基本思想对我的影响最深，这些思想是十分浅显易懂的，并不需要独特的数学天赋才能领悟。你要把股票当成公司一个小的组成部分；要把市场波动看作你和朋友闹的小别扭，而不是敌人的背后捅刀；关于投资，一定要注重安全边际。而这些思想，在百年之后，也依然会成为理性投资者的指路明灯。”

安全边际就好像一张电网，不触碰到它，自己和他人都会安全；一旦触及，必将受到重创。无论是股票还是其他类型的投资，都要留出安全的空间，看到安全边际的作用。

而没有安全边际的投资就好比一场赌博，哪怕收益率是100%，决策的错误率只有 0.01%，一旦失败，你必将承受无法设想的后果。只有严格遵守安全边际，才能成为投资领域的常胜将军；即便失败，也还有东山再起的资本。

投资与货币："鸡生蛋，蛋生鸡"的投资复利

经常听人说钱能生钱，小时候的我将大人给的零用钱放进了一个篮子里，想看着一夜过去之后，大钱能不能生出小钱来。

长大了一点，妈妈把钱存进银行，定期取出的时候，妈妈总会笑嘻嘻地跟我说："你看，钱真能生钱呢！"我知道，她说的这个钱生钱指的是存款利息。

爸爸有时候会和朋友打牌，打完牌后，他从赢的钱里抽出几张零钱，作为给我的"分红"，然后告诉我："我口袋里的钱自己生出钱了。"

对于渴望一夜暴富的人来说，拥有一棵结满金果子的树，或者让钱自己就能越变越多，是做梦都能笑醒的好事。钱生钱的意思，通俗的解释就是钱变得越来越多，就像鸡生蛋一样。

钱生钱在经济学上指的是复利，是爱因斯坦眼中的世界第八大奇迹。如果你对这个概念感到陌生，设想一下银行放贷或是商业投资。有钱人都喜欢投资，不甘于把自己的钱存在银行吃利息。通过投资，将生意越做越大，从小复利变成大复利，从而建立起自己的商业帝国。

讲到复利，大家是否还记得乞丐与财主的故事。聪明的乞丐为了戏弄无恶不作的财主，对他说："你不是我见过的最有钱的人。"

财主急了：“这怎么可能，我的财富超出你的想象。”乞丐在地上画了 32 个格子，然后让他用自己的钱将这些格子填满，后面格子里的钱总要比前一个多一倍，如第一个格子是 1，第二个是 2，第三个是 4……以此类推下去。

财主一听乐了，说道：“你这个傻乞丐，填满这些格子需要多少钱？我会没有，笑话。这样吧，我把这个格子填满，还把格子里的钱送你，但我要你承认我是最富有的人。”

财主填到第 32 个格子的时候，他要拿出 2147483648 个钱币，如果将之前格子里的钱尽数相加，无法想象，这该是多么巨大的一笔财富。拿不拿得出，相信我们已经能猜到了。

上学的时候，老师在讲到复利的时候，曾讲过一个关于折纸的故事。假设真的存在一张纸，无数次地对折，再对折，到底有多高？踩在上面能到月球上去吗？

还真有人算了一下。A4 纸的起始厚度是 0.0001 米，第一次对折后是 0.0002 米；第二次对折后是 0.0004 米；第三次对折后是 0.0008 米；第四次对折后是 0.0016 米；第五次对折后是 0.0032 米；第六次对折后是 0.0064 米；第七次对折后是 0.0128 米……

第六十次对折后，达到了 115292150460685 米，也就是 115292150460 公里，等于 11529215 万公里。从地球到月球的距离是 38.4 万公里。这是多少个地球到月球加起来的距离呢？你能想象吗？这也就不难理解，为何爱因斯坦会认为复利是世界第八大奇迹了。

要想知道这个奇迹是怎么产生的，就要明确复利的本质是什么。复利率和时间是复利两个最关键的要素，复利率大家都懂，随着利率的大小影响收入的多少。时间因素，指的又是什么呢？有一句名言，时间就是金钱，这种说法其实很有道理。

复利其实是最能体现时间就是金钱这一真理的“商品”。投资一年就能收回本金的人与十年收不回本金都感到无所谓的人相比，谁的投资成功可能性更大一些呢？答案当然是后者，因为他能充分享受时间效用创造的更多价值。

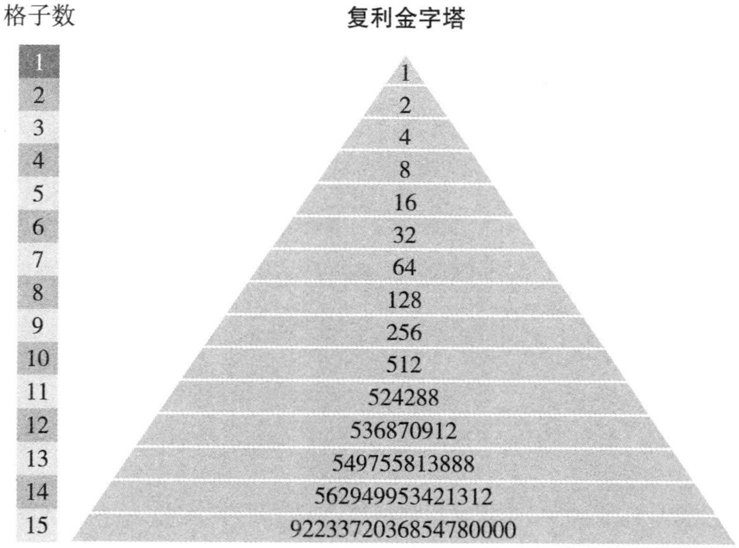

美国伊利诺伊州森林湖市100岁老妪格蕾丝·格罗纳老人，在离世时将700万美元的遗产捐献给了她的母校森林湖学院，这条新闻一时掀起了不小的波澜。这位老人到底是做什么的？为什么会这么有钱？很多人不禁发出这样的疑问。

据格蕾丝的多年好友日前披露，她在1931年毕业后就做起了秘书，并在这个岗位上一直工作了43年才正式退休。那这笔巨款从何而来？

原来，这一切都源于老人在1935年的时候购买了180美元的美国雅培公司股票。

格蕾丝奉行的是不婚主义，她虽然没有爱人，却拥有无数真心的朋友。性格和善的她，和大多数从经济萧条时期走过的老人一样，生活非常简朴。她的衣服几乎都来自超市的清仓甩货；她出门从不坐车，基本都靠步行；可怜的几件家具和一台林登·约翰逊总统时代的老式电视机装点着她的贫穷。就是这样的一位普通女性，竟在母校设立了一个奖学金，并陆续向母校捐出了18万美元。

1935年，格蕾丝用180美元，投资了她当年工作的美国雅培公司特别发行的3只股票。在接下来的70年里，这3只股票又进行了多次的送股与配股；格蕾丝并没有在股票赢利的时候将其取出，而是用股票的分红再次购买新的股票。加上雅培公司的股价一路飙升，截止到她去世时，当初180美元的投入，早已为其带来了700万美元的回报。

如果奇迹有另一个名字，那么，一定叫复利。钱虽然不能直接生钱，却可以凭借投资者的智慧，在时间的长河中不断翻滚，最终像滚雪球一样，越滚越大。

投资与市场：未来的权利也能买卖

首要要说明一下，题目中的权利和我们日常生活中所理解的权利含义是截然不同的。我们所理解的权利一般是指法律赋予人实现其利益的一种力量，与义务相对应。而这里的权利则指的是期权。平时很少买理财产品的朋友，对这个词应该会感到陌生，现在给大家解释一下什么是期权。

期权又称为选择权，是一种衍生性金融工具，是指买方向卖方支付期权费（指权利金）后拥有的在未来一段时间内或未来某一特定日期，以事先规定好的价格向卖方购买或出售一定数量的期权项下的股票，但不负有必须买进或卖出的义务。

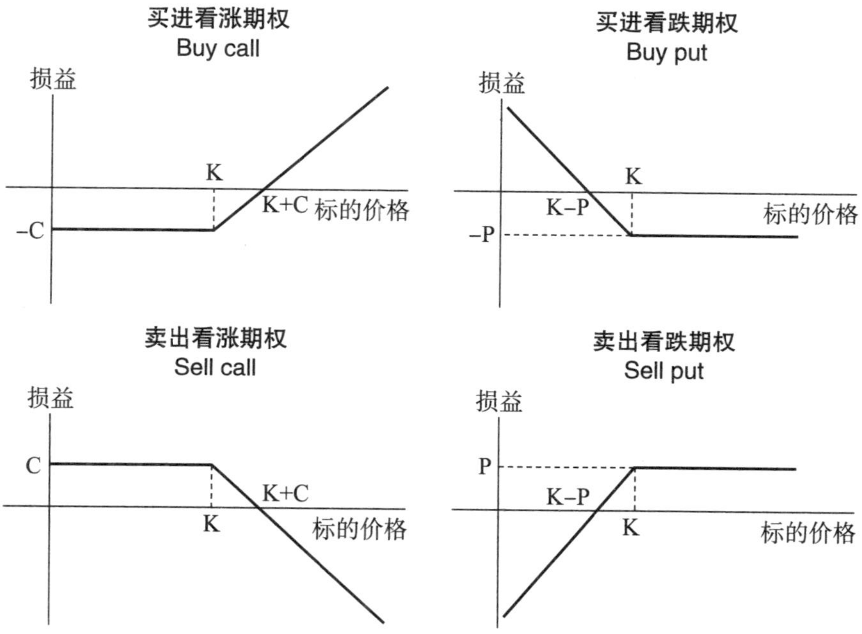

对于期权的经济学研究

简言之，股票期权就是一种受益权，即享受期权项下的股票因价格上涨而带来的利益权利。说到期权，就一定得说说期货，因为它们总是相伴而生的。在说期货之前，先给大家讲个故事。

富翁的爱犬丢了，这让富翁非常伤心，于是张贴告示：爱犬丢失，如寻到并归还，酬谢 3 万元。果然，告示张贴后，前来送狗的人络绎不绝，一时间踏破了富翁家的门槛。你也许会问，富翁家就丢了一只狗，怎么会有那么多人来送狗呢？因为他们都是热心的吃瓜群众啊，而且其中并没有富翁的爱犬。

经过几天的无用功，富翁和妻子商量了一下，认为真正捡到狗的人一定是嫌他们给的钱少才迟迟不出现。于是，两人将酬金从3万元变成了5万元。

恰巧捡到狗的乞丐准备去送狗，却发现酬金的数目升高了。于是，他又牵着狗回到了住处，把狗重新拴在那里。果然，在接下来的几天里酬金持续增长，而乞丐也一直在关注其动态。就在全城人民为这天价酬金而沸腾时，乞丐终于按捺不住了，准备用狗去换钱。

但当他回到家中时，发现狗已经死了。因为它在富翁家吃的都是高级进口狗粮，喝的是牛奶，而在乞丐家里吃的都是捡来的发霉食物，肠胃肯定是受不了的。

这就是本节要说的期货，而乞丐做的正是期货。说到货，我们总以为是商品。但期货严格说来，其实并不是商品，而是一种标准化的合约，在合约中规定双方于未来某一个时间内交收实货。如今，期货作为一种投资方式，受到了越来越多人的欢迎。

那么，期货投资又是什么意思呢？期货投资是相对现货交易的一种交易方式，它是在现货交易的基础上发展起来的，通过在期货交易所买卖标准化的期货合约而进行的一种有组织的交易方式。期货交易的对象并不是商品（标的物）本身，而是商品（标的物）的标准化合约，即标准化的远期合同。

日常生活中，我们买菜有菜市场，买服装鞋帽有商场，买期货也自然有期货市场。所谓的期货市场，其实是一个形成价格的市场，而供求关系的瞬息万变也会反映到价格的变动之中。用经济学的理论来分析，期货市场投入的原材料是信息，产出的产品是价格。有人看涨就会买入，有人看跌就会卖出，最后预测正确与否市场会给出答案，预测正确者会获利，预测错误者也会面临亏损。就像那个乞丐，如果在狗死掉之前，将它交还给富翁，并换取高额的酬金，岂不是皆大欢喜，但他却因为没有做好预防措施，落得个“狗财两空”的下场。

期货交易与一般现货交易的不同之处在于，前者不需要现货，因为它不是活的实物。而期货市场相比其他市场的优势就在于可以为生产经营者提供套期保值、回避价格风险的服务，其价格也是公正、公平、公开的。

徐堰兆是“80后”期货买家中的佼佼者，他3年赚千万的发家史，一度被业界奉为传奇。作为2009年和2010年“工行·晨报·先融杯期货实盘大赛”冠军的指导者，他让去年的冠军从起初的80万元，净赚了400万元。

这位“80后”的能量之大，让所有人叹为观止。他在2008年到2010年，从期货市场赚取了1000万元，并打算开一家自己的投资公司，对期货新手进行培训。

当记者询问其成功秘诀时，徐堰兆说道：“不把鸡蛋放在一个篮子里。”据他所说，虽然期货是他的主业，但他如今的获利少不了其他投资方式的参与。他不仅投资房产，还和朋友一起投资缅甸的锡矿，连工程行业也会涉及。

而他的交易方式一般以突破跟进为主，配以止损等控制风险手段。这样，就能在减少亏损的同时增加盈利。虽然期货是赚钱很快的投资方式，但其中的风险也是不言而喻的。“慎入期市”，这是他对于投资者的忠告。

对于初入期货市场的新手，以下几点一定要注意：

1. 严格遵守期货交易所和期货经纪公司的风险管理制度。一个制度既然能够制定就必然有其深意，不要轻易打破某种规则，除非你是该规则的制定者。

2. 投资的资金、规模必须正当、适度。

3. 要有良好的投资战略。根据自己的条件（资金、时间、健康等），培养良好的心理素质，不断充实自己，逐步形成自己的投资战略。

4. 关注信息，分析形势，注意期货市场风险的每一个环节。信息的重要性毋庸置疑，作为一个期货投资人，具备分析、筛选信息的能力是一切的前提。在注重市场变化的同时，也要提高自己的应变能力。

既然是投资，就一定是充满风险与机遇的，因此，要求投资者具备良好的心态，不要急于求成，也不要过于保守，找准时机，为财富升值。

投资与博弈：在别人谨慎的时候选择贪婪

在别人谨慎的时候也选择谨慎，这是人的本性。但在投资领域，很多事情其实是相反的。要想赚到钱，时常要反其道而行之。巴菲特有一句非常有名的名言：“在别人贪婪的时候恐惧，在别人恐惧的时候贪婪。”

张从忠有一句名言：“依照现代投资界最为普遍的风险观点，

一个投资者在做出决定之前，应当对自己能够承受或是轻松应对的风险水准有清醒的认识，然后再据此建立自己的股票投资结构，这也是为什么巴菲特告诫世人永远不要借钱炒股的原因。不过，就像生活中很多看似简单的道理一样，当我们真正运用它们的时候，往往未必明白其中的深意，同样，人们对于自己所能承受的风险水准，也总是缺乏客观的认识。”

他说的这是什么意思呢？投资有风险，这个我们早已知道。可以说，没有任何一个经济领域是完全不存在风险的。当然，高风险总是伴随着高收益，反之亦然。我们要了解风险与收益并存这一基本投资概念。

看过《西游记》的读者，想必大家对孙悟空的火眼金睛印象十分深刻。在取经路上，他的这项特殊技能，没少发挥作用，不然唐僧早就被一路上的妖魔鬼怪吃掉了。为什么孙悟空有火眼金睛而你没有呢？因为，他进过太上老君的炼丹炉啊。

这个道理放在投资领域也成立，其实没有所谓的聪明的投资者和愚蠢的投资者，只是双方的经历不同。经历的失败或者成功多了，自然就具备识别“妖魔鬼怪”的能力。不过，比识别妖魔鬼怪更重要的是，在他们到来之前，能够嗅到他们的气味，从而提早应对。早做好防范措施，好处多多，其中最重要的一点就是能防止自己成为经济战场上的炮灰。

1952 年，刚从学校毕业走进父亲的证券经纪公司上班的巴菲特，在偶然读到哈利 · 马可维兹发表在《金融杂志》上一篇题为“证券选择”的文章时，就对此很感兴趣。

马可维兹在文章中深刻地阐述了高风险与高回报之间的关系，原文中有一句话是这样的：没有投资者能够在只承担低于平均程度的风险的情况下就能够获得较高水平的回报。在他看来，风险和利益是并存的，失去了风险也就毫无利益可言了。

这个观点放在今天，可能并没有什么特别的地方。但是时光追溯到 50 年以前，那时的人们购买股票都是凭自己的感觉，并不会考虑证券市场的风险。而这种论点的出现，无疑是十分具有前瞻性的。说到这里，大家对风险这个词是怎么理解的呢?

1973~1974 年，美国经历了一场毁灭性的金融灾难。熊市霸占着股民的生活，股价平均下跌 60%，长达两年地狱般的生活，摧毁了太多投资者。

1974 年，股市的硝烟稍微散去了一些，不少股市投资的受害者依旧对股票二字心有余悸，谈虎色变。巴菲特却在此时做出了一件让所有人都大跌眼镜的事情——以 400 万美元的价格买下了华盛顿邮报公司。在此之前，这家公司估值 4 亿美元。虽然是块金疙瘩，但在大环境如此萧条的年代，纵使很多人有这笔钱，也不敢贸然行动。因为没有人知道，那双无形的手是会点石成金还是把你的金子变成一块石头。

能人所不能及，才会拥有常人所无法企及的高度。巴菲特无疑是众人眼中第一个敢于吃螃蟹的人，问题在于，第一个吃螃蟹的人就一定是不理智的吗?

冒险主义常常伴随着英雄情结，英雄的代名词却不是冒险，他们对于要做之事是有一个理性的分析和判断的。就拿巴菲特来说，他当然清楚当时股价的波动趋势，也精密计算过风险与可能得到的巨大收益之间的比重。承担小部分风险，就会获得巨额的利益，如果是你，你会做吗？答案是肯定的。

在很多人眼中，巴菲特的举动就是一种冒险。而巴菲特却说，风险来自你不知道自己正在做什么。

时势造英雄，有人忧愁也有人欢喜。生活就是这样，它的好不会平均分配给每个人，而它的坏也是如此。在所有人畏首畏尾、如履薄冰的时候，巴菲特异军突起，他在重大灾难面前看到的是前所未有的机遇。

泰戈尔曾说过，如果你因为错过太阳而流泪，那么你也将错过繁星。在大环境不景气的情况下，不少人陷入了“余震”的恐慌之中，难以自拔。而巴菲特却能凭借超乎寻常的理智进行大胆投资，最终将智慧和勇气变现成财富，稳坐股神这头把交椅。

一个成熟的投资者往往要保持清醒的头脑，绝不能让市场的变化来左右其的思想。在股价下跌之时，正是有可能多赚钱的大好时机，而一旦股价被市场非理性的特点推至高位时，他反而会选择持币观望，因为股价下跌往往是降低风险而非增加风险。无疑，巴菲特就是那个“成熟的投资者”。

在投资领域当中，盲目地跟从集体，企图规避风险的方式是行不通的。凭借过硬的专业知识，冷静客观地分析形势，能人所不能，想人所不敢想，才能得人所不能得。每一次挑战都是机会，每一次机会也都是挑战。

第六课

经济学在消费领域的运用

消费与价值：LV 卖的还是包吗

奢侈品是什么？它是随着人们生活水平不断提高，一日三餐之外的“虚荣”消费。价格与价值的规律在其身上根本行不通，甚至，无论这些奢侈品做成什么样子，都会有一大堆粉丝排着队来买单。

提到奢侈品，就自然会想到 LV。LV 是世界顶级奢侈消费品的代表，它生产出来的包包，大受爱美女性和成熟时尚男性的推崇。LV 的包品种繁多，包括各种旅行袋、提包、背包、皮夹、护照夹等，更新速度也非常快，几乎每个月都会推出新品、新款式。

不得不提的是，LV 旗下的产品不仅分类众多，还可根据不同人群的需要为其进行量身定做。在其可放两瓶佳酿的酒袋和可折叠的桌椅上，都能折射出 LV 作为世界顶级奢侈品的旅行哲学和品牌光环。

如果 LV 是一款普通的包包，它为什么可以卖到天价呢？在这里，我们要看到价值和品牌的问题。要想搞清楚这个问题，必须先思考：LV 卖的是包吗？人们为什么要买 LV？

逛超市的时候，一般情况下越便宜的东西越能引发抢购狂潮；反之，越贵的东西也越能激发人们的购买欲望吗？

日常生活中，最容易让人产生买贵现象的商品主要由两大类构成，当然，这是从商品的属性上来说的：一类是“吉芬商品”，另一类就是奢侈品。

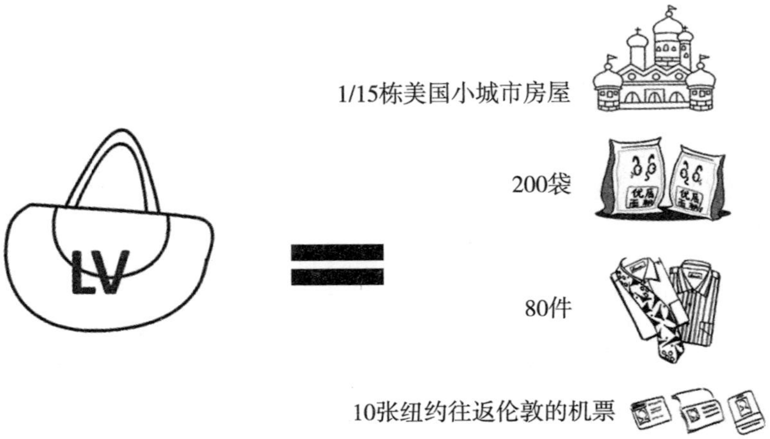

1 个高档 LV 手包的交换价值

什么是“吉芬商品”呢？爱尔兰大饥荒时期，土豆的价格急剧上涨。奇怪的现象发生了，虽然土豆提高了价格，却没有降低人们的购买欲望，反而增加了爱尔兰农民对土豆的消费。

经济学家吉芬发现，土豆较之于肉和奶酪来说更能填饱肚子，因此人们将用于其他食物上的消费都统一集中在了土豆的消费上。后来，经济学家将像爱尔兰土豆这样价格上涨反而带来需求量增加的商品称为“吉芬商品”。

而关于奢侈品，我们来分析一下人们为什么会去购买它。奢侈品是经济社会发展的产物，随着人们生活水平的不断提高和改善而衍生出来。

一般来说，购买 LV 包的大多数人最具“买贵”的倾向和能力。他们在看中一样东西的时候很少会考虑到价格，更多的是注重商品的价值。而走在世界时尚前沿的 LV，无疑是时尚的代名词，极快的更新速度，也能保证品牌永不过时，而这些无疑都刺激到了有钱人的痒点。

更重要的是，与廉价的商品一样，贵的商品也是社会等级的体现，即贵的商品更能体现拥有者的身份与地位，而这就是我们经常说的社会等级效应。

从这个层面来分析，LV 作为世界顶级奢侈品牌，带给人的是一种高贵的身份象征。凡勃仑认为：有钱人总是希望以一种能够显示他们财富的方式进行消费，因为在充满金钱的文化中显示财富就意味着权势、地位、荣誉和成功。

因此，买贵这种现象背后，反映出的不仅是卓越的购买力，还有与之相对应的虚荣心。前者关乎于价值，后者与价格有很大关系。简言之，商品的价格越高，其需求往往也与之成正比。

既然买贵现象发生于每个人身上，那什么地方最经常出现这种现象呢？

据统计，越是诚信度高的地区，人们对贵的商品就越能认同，从而形成一种依赖心理；越是经济发达的地区，人们越是倾向于买贵；法制越健全的地区，分布的高端奢侈品牌也越多。人们对市场的信任度较高，对高价商品也更容易认同。

在这种买贵心理的作用下，市场上一时间泥沙俱下，各路假货、山寨品层出不穷。被山寨频率最高的恐怕就是LV，走在大街上，几乎连去菜市场买菜的阿姨手里提着的都是印有 LV 花样的包包。

想购买 LV 包要去正规商场，当心用正品的价格，买到假冒产品；同时，如果 LV 作为高端奢侈品牌，其质量、样式这么容易就能被复制，那是不是也值得厂商深思一番？

消费与货币：钱为什么越来越不值钱了

民国末年的一个经典笑话，说的是一个人去街边吃面条。只见这人越吃越快，旁边的人不理解了，为什么呢？老兄开口了："我得赶紧吃啊，不然面条一会儿就从 10 万块一碗变成 20 万了。"

眨眼的工夫，一碗面的身价能翻一倍？这真是有点不可思议，如果笑话里的情况是真的，这可让老百姓怎么活啊。在历史的长河里，物价涨速赛火箭还真不是凭空瞎说的。上有政策下有对策，钱贬值得那么快，老百姓怎么活呢？以物换物，避开交易媒介。张家用大米换鸡蛋，王家用鸡蛋换火腿，李家用火腿换煤球，似乎一切都回到了原始经济中。

说到这里，要问大家一个问题，钱在什么时候最值钱？答案当然是在钱少的时候，物以稀为贵。那么，钱在什么时候最不值钱呢？答案当然是在物价上涨或通货膨胀的时候。

不过后者经常伴随着物价上涨，但这其实有时也是两件事。社会倒退回原始经济时期，无论是对于老百姓，还是对于民国政府来说都不是好事。既然不是好事，为何大家还要如此呢？说到这里，如果你是老百姓，请先拭去眼角的泪痕，仔细分析一下。

什么叫通货膨胀呢？前面我们已经简单介绍过了，现在再给大家温习一下这个概念。通货膨胀就是流通的货币数量过多，多到了经济无法承受的程度。就像一张床，明明只可以承受3个人的重量，你非要让五六个人在上面玩蹦蹦床。结果是什么？当然是床被压坏了。通货膨胀下的社会经济就好比这张被压坏的床，不堪重负。

读到这里，读者不禁要问了：为什么要发行那么多货币呢？发行数量正好的货币不就行了。国家发行多少货币是有一个严格计算公式的，当然不是任由自己的性子想怎么印就怎么印。

否则，多印点假钞国家不就富强了，也就不用发展生产，促进经济那么麻烦了。更为现实的问题是国家在发行货币之前一定要考虑本国的经济发展情况和货币流通速度。即货币量 × 货币流通速度 = 价格 × 产量。

在这个方程式里，“价格”指的是物价，我们可以把它看作所有商品的平均价格，“产量”指的是市场上流通的商品总量。“货币流通速度”指的是货币从一个持有者转到另一个持有者手中的频率。

通常情况下，货币在一个经济体内的流通速度不会发生太大变化。因此，想要价格保持稳定，货币的数量就应该由产量来决定。

说得再清楚点，如果国家是一个菜市场，菜市场里的全部商品是猪肉，那么，肉农养了多少猪，贡献给市场多少斤猪肉，国家就应该印多少钱。在这里，猪肉的数量决定了货币的印刷数量。

在希腊的一个小岛上延续着单一的经济体制，只生产橄榄油这一种商品。如果小岛每年的橄榄油产量是100万公斤，每公斤橄榄油卖10元的话，当地的货币流通速度是2。那么，该国需要印刷多少货币呢？

按照上面的公式，我们来算一下。货币量 = 价格 × 产量 / 货币流通速度 =1000000×10/2=5000000元。所以，对该国来说，发行 500 万元货币是最为恰当的。

然而，问题出现了。过了一段时间，种植橄榄树的农民改良了种植方法，橄榄油产量瞬间得到提升，达到了 200 万公斤。这下，油虽然变多了，钱还是固定的，这就导致余出来的橄榄油势必要降价销售。

通过上面的公式，我们已经知道，如果橄榄油价格保持不变，货币的发行量就要增加。货币流通是固定的，通过计算，货币的发行量就变成了 1000 万元。

事态就在此时发生了改变，该国的央行行长面对这一问题并没有做出及时的纠正。等他意识到问题的严重性时，只多印出了 200 万元。原本需要 1000 万元，如今少了 300 万元，橄榄油的价格势必会下降。降多少呢？还是由公式决定：价格 = 货币量 × 货币流通速度 / 产量 =7000000×2/2000000=7 元。

后面的事情我们可以大胆想象一下，本来能卖 10 元钱的橄榄油现在少卖了 3 元钱，而这 3 元钱有可能就是农民的利润空间，橄榄油生厂商会乐意吗？

由于货币发行量过多，导致经济体内流通的货币过多，而商品的产量没有增加，因此货币便开始贬值，物价上涨。

难道货币发行过多是政府有意为之来推卸责任？这背后是否还有其他原因呢？众所周知，国家财政赤字的增加是导致通货膨胀的直接原因，这种剪刀差让农民不得不高价买进商品，低价出售农产品和手工产品。而工厂则通过政府订货和价格补贴等方式疯狂攫取人民收入，并用浓度变淡的货币来偿还债务，趁机囤积居奇，获取高额利润。

通货膨胀是政府或个人有意为之吗？答案并不是唯一的。可以肯定的一点是，在通货膨胀的大潮中，受害者总是大多数。怎么守住自己的钱，最大限度地减少个人蒙受的损失，才是我们应该思考和学习的。

消费与市场：为什么会有山寨

在搞清楚这个问题之前我们要先知道什么是山寨。所谓“山寨”，就是一些仿制、盗版、假冒的商业产品，甚至还包括有侵犯知识产权之嫌的文化产品。换句话说，“山寨”就是假货的代名词。

“山寨文化”是从何时开始的呢？ 20 世纪的时候有吗？显然，这是进入了 21 世纪之后发生的事情。说到假货，即山寨产品，相信我们每个人都有话要说。

有的人深受其害，有的人却十分受用。先说说廉价的山寨手机。这是传播速度最快、传播范围最广的一种山寨产品，很多人都用过。为什么要购买呢？因为它是又便宜又美观的产品。

然而，这些山寨品的大行其道，给原创品牌带来了不小的冲击。试想，如果一件外表大致相同的衣服，正品卖 5000 块，仿品连 500 块都不到，你怎么选？毕竟为品牌价值而买单的消费者占少数，大多数人看的是价钱和样式。

随着山寨产品的销量飙升，它的君王地位日益坐实，那些真正的帝王也就不得不退位让贤了。山寨文化就好比臭豆腐，欢喜的人欲罢不能，厌恶的人也比比皆是。那些抨击者认为，山寨产品仅存在最狂热的制造者和追捧者眼中，“山寨文化”下衍生出的产品终究还是登不上大雅之堂的“假冒品”。

而山寨文化和主流文化究竟有何区别呢？山寨文化更类似于一场恶搞，它的存在客观地反映了主流文化的做作和不足，并将这种缺点无限放大。尽管如此，山寨文化还是无法洗脱作为恶俗文化整合的地位，它也很难成为有口皆碑的大众流行文化。

郭于华说过：“中国无疑是个山寨大国，也有人直接说中国本身就是山寨。2008 年以来，从‘山寨手机’开始，‘山寨电脑’‘山寨鸟巢’‘山寨明星’甚至‘山寨春晚’……接踵而至，连小沈阳都有了自己的‘山寨版’，真可称得上是山寨之山寨。”

对此，郭于华教授却表示：“其实大可不必板着面孔指斥山寨文化永远登不上大雅之堂，人家也许从来就没打算登上大雅之堂。准确地说，山寨所为是要从根本上消解雅和俗的界限，拆除庙堂与山寨之间的篱笆；或者说原本他们就没把正统视作权威和尊敬仿效的对象，而是要从根本上颠覆之。山寨精神蕴含着颠覆的力量、抗争的力量，特别是创造的力量。而其充盈而独特的创造力和活力，是无论政治的、经济的或者文化的链条都无法锁住的。”

难道山寨产品带给社会的全都是负面影响吗？也不尽然，不得不肯定的是，山寨文化的创新和生命力。正是如此，山寨产品的出现，总能给人一种耳目一新的感觉。它就好比万花丛中的一棵草，给审美疲劳的人也换换口味。

从 2013 年 2 月开始，每月有 200~500 家山寨手机厂商跑路，他们已在不知不觉间由 6000 家缩水成 800 家。这些厂商为什么会跑路呢？原来，他们也想做中小自主品牌，正在为这个目标而努力转型，只不过转型失败，面临巨额的退货单只能选择跑路。

还有一些没有跑路的厂商，他们又在做什么呢？这些人如今早已卖起了苹果或三星等手机的水货及配件。

随着深圳这个曾经全球最大的手机中转市场迎来低潮，在中国叱咤风云了近十年的山寨手机已经时至暮年。龙胜、高科德、通天地、庞源这些大数码城早已关门谢客，唯一残喘的明通，其商户规模早已缩减到了巅峰时期的1/5。

尽管山寨手机早已没有了昔日的风光，万事万物都要经历一个必要的兴衰过程，这也是无可厚非的。那么，我们不妨探讨一下山寨产品能够登上神坛的原因。

山寨产品包括哪些呢？山寨文化最早是从手机行业流行起来的，然后蔓延到了食品、服装、日化等领域。它的流行，离不开下面几点。

第一，技术壁垒消失。即便是山寨品也是需要技术支持的，随着技术壁垒的消失，为山寨产品的组装提供了无限可能。产品生产的每一个环节细化到了专业公司，这就意味着生产商只要将各种原材料进行组装和拼接就可以了。

第二，品牌宣传与销售渠道的不对称。很多企业的广告虽然是全国范围的，但往往顾不到三线以下城市。部分城乡居民即便在广告中意识到了自己的需求，也苦于没有渠道进行购买。这时，山寨产品映入他们的眼帘，也解了这部分人的燃眉之急。

第三，山寨产品的低廉价格更容易被普通大众所接受。这点相信大家都深有体会，山寨产品本身价格低廉，功能上也在不断加强，甚至在外观上也做了优于大牌的微创新。

第四，部分消费者对国产品牌的质量缺乏信任。在很多人看来，与其多花钱购买同样存在问题的正品，还不如少花钱购买功能同样强大的山寨货。这样，即便用不了多久，也算是物超所值了。

山寨产品既然能走到公众的视野中，也必然会有消失的一天。因为，低俗终究会被雅俗所替代，高仿也终究会败给原创。维持市场健康运行的原动力是新鲜血液而不可能是一种抄袭或恶搞的低俗文化。面临这个物竞天择的市场，只有适者才能生存下去。

消费与博弈：人人都是理性消费者吗

人人都是消费者，但人人都是理性消费者吗？想要弄清楚这个问题，就必须先说明什么是理性消费者。理性消费者，是指消费者在消费能力允许的条件下，按照追求效用最大化原则进行消费。从心理学的角度看，理性消费是消费者根据自己的学习和知觉做出合理的购买决策，当物质还不充裕时理性消费者追求的是价廉物美经久耐用的商品。

在了解了这个概念之后，你认为自己是理性的吗？你有过下面的经历吗？

孩提时代，我们都有过和小伙伴闹矛盾的经历。课堂上，为了一个小问题争执不下，甚至大打出手，最后被老师“请”到办公室喝茶。茶很好喝，老师顺便把家长也“请”来品尝。一言不合就动手，这种行为是理性的吗？换作现在的你，还会像当初那么做吗？

上了高中之后，我们正值情窦初开的年纪，对爱情有种莫名的向往。总有一个人的出现会给你心中一种小鹿乱撞的感觉。于是，一个午后，你奉上了自己人生中的第一封情书，里面充斥着自己满满的爱意。爱是什么？或许你还很懵懂，但你还是说出了这个字。这时候的你是理性的吗？

你们的关系很快就被老师和家长知道，家长苦口婆心，校方动之以情、晓之以理地规劝。为了各自的前途，你决定暂时放下这枝还带着露水的鲜花。你承诺女孩，将来有一天，一定会再次出现在她的生命中，那时的你们再也没有理由分开。这时的你是理性的吗？

转眼间，多年过去了。再次看见女孩，是在她的婚礼上。她成了别人的新娘。这时候的你，又是理性的吗？

我们身边可能有不少爱美的女生，为了所谓的马甲线、A4 腰而节食减肥。面对着再规律不过的一日三餐，她们只是咽着口水摆摆手，任凭脸色苍白、头昏脑涨，随时都有可能晕倒。这部分女生的身材通常都很标准，为了追求所谓的“病态美”，不惜以牺牲健康为代价，她们是理性的吗？

为了有更好的前途，很多人决定在大学毕业之后，考研或者出国深造。本以为这样可以让自己更具竞争力，可没想到，很多用人单位却要求应聘者必须具有两年以上的工作经验。

我们兜兜转转了一大圈，最后发现，连一家正规单位的入门资历都达不到。还有一种情况就是，毕了业我们拼了命地积累经验，树立一个又一个工作目标。最后，公司却以你没有海外留学经历为由，或直接说你学历不够，涉及升职的问题时，直接将机会给了一个毫无经验的“海归”。这时，你的反应会是理性的吗？

逛街的时候，总会看到商场打折售卖的横幅，什么“走过、路过，千万不要错过”，“店主已疯，跳楼价贱卖”……看到某品牌全场最低 58 元起的标语时，你还能理性吗？是不为所动，还是早已随抢购大军奋力血拼去了呢？便宜的东西虽好，可是用了几天各种问题随之而来……

随着股市的节节攀升，股民的数量也在持续增长。牛市的到来自然皆大欢喜，受金融海啸的影响，股票不断飘绿，持续走低，低到让很多股民血本无归。赔上了半生积蓄的股民，有的甚至选择放弃自己的生命。这样的做法，又是理性的体现吗？

在面临事业、爱情和金钱的问题上，有人能说自己是绝对理性不会犯错的吗？相信大多数人并没有这样的自信。

从人性的角度来分析，其实人人都是理性的，每个人都在努力寻求自身利益的最大化。只是中间的过程受到很多因素的干扰，其结果就显得非理性化了。

生活中有太多不确定因素，因此，我们也就时时面临着选择。“免费的代价”“所有权依恋症”“多种选择困境”的存在，并非人人都是理性的，总有一些感性的成分在左右着我们的选择。

说到理性，就不得不说说感性。难道是感性的存在才导致选择偏差的发生？其实，也不尽然，一件事物的结果，往往由很多原因导致。很多时候是不受人为因素控制的，或者决定权根本不在我们自己手里。

感性很多时候虽然缺少建设性，却是生活中一剂不可或缺的调味品。感性，让生活充满趣味，也充满了不确定性。正因如此，生活于我们每个人来说，才充满了魅力。如果什么都能预知，一切皆在掌握之中，人生是不是就会变得索然无味了呢？

第七课

经济学在房地产中的运用

房地产与价值：房价飙升的奥秘

房子是经常被热议的话题，为什么？因为它的价格已经从买不起，变成了再奋斗 20 年也买不起的高度。为什么房价一直在涨，却没有任何下跌的趋势呢？

十年前，笔者买了人生中的第一套房子，当时以每平方米 1000 多块钱的价格买入。十年后，因各种家庭原因，打算将老房子卖掉换套大房子。这时，笔者才惊喜地发现，房价已经涨到了每平方米 8000 多了。短短十年间，房价涨了七八倍。房价居高不下的奥秘到底是什么呢？我们今天就来分析一下。

第一，城市化进程加快拉动了房价上涨。发达国家的城市化水平在 70% 以上，而发展中国家的城市化水平只有 40%，两者之间的差异有目共睹。大量农民涌入城市，增加了房子的需求量。毕竟住房是这部分移民要解决的首要问题。于是，房市出现了供不应求的局面，房价上涨已成定局。

第二，经济发展依赖房地产业。都说房地产业是经济发展的领头羊，这说明地产开发对于城市建设来说起到了非常巨大的作用。甚至地产开发到哪里，城市就跟着建到哪里，说它是支柱产业实至名归。而且，土地收入也是政府财政收入的一个重要来源，缺少它的资金支持，政府的行政力量也会被削弱，很多工作都无法开展，更别说发展地方经济了。

第三，地产开发成本高导致房价高。我们在关注日益高涨的房价的同时，却往往忽略了土地价格上涨这一因素。政府采用拍卖的形式将土地出让，也就导致了土地价格被抬高数倍。而开发商的成本大幅提高，必然通过升高房价来换取盈利空间。除了土地外，各种建材价格的升高也是促使房价上涨的一个重要原因。简言之，开发商的成本在不断增加，房价怎能不水涨船高？

第四，住房观念推动房价上涨。在衣食能保证的前提下，住行是人们的另一个重要需求。在房价越来越高的今天，有房就意味着比别人少奋斗 20 年乃至 30 年。社会之于年轻人各方面的压力已经非常大了，父母也就不希望自己的孩子再承受其他方面的压力。在这个男女比例失衡的社会，男孩要想娶妻结婚就要买房；而条件好的女方家里，也会购置房产作为其后半生的保障。于是，年轻人就在买房的道路上越走越远，房价也就越来越高。

这四点是房价飙升的重要原因，除了上述原因外，房价之所以这么高也是被炒出来的。这里的“炒”指的可不是烹饪，而是将房子作为一种炒作载体而存在的事实。古往今来，被炒过的东西比比皆是，结果如何呢？而那些被炒过却很快失效的东西都有一个共同的特征。

“蒜你狠”“姜你军”大家还记得吗？价格简直高得让人头皮发

麻，后来为什么炒不下去了呢？因为它们不是能够收藏的东西，有着一岁一枯荣的特点，保质期往多里说也超不过一年。

而喜欢喝酒的人应该知道红酒、白酒和啤酒里的哪种酒最贵。前几年，红酒里的拉菲被炒得火热，为什么？因为它具有收藏价值，而且不同年份下产出的葡萄酒数量也不同，物以稀为贵，这个特点被商人广泛运用，投入到了炒作当中。而具有一定年份的白酒也很值钱，据说一瓶收藏了 20 多年的茅台甚至可以卖到一万元以上。而啤酒为什么不值钱呢？因为它无法收藏，要在趁着还新鲜的时候喝下去味道才最好。

这些炒作行为导致了泡沫经济的存在。“泡沫经济”这个词我们一定不会陌生，它指的是资产价值超越实体经济，极易丧失持续发展能力的宏观经济状态。关于郁金香，有个非常经典的故事，它通常作为泡沫经济的代名词出现。

17 世纪中期，郁金香被上层阶级视为财富与荣耀的象征。那时的郁金香量少价高，被商人从土耳其引入西欧，一经引入，就受到了人们的追捧。投机倒把的商人看出了其中的商机，开始囤积居奇，打算从中狠赚一笔。

到了 1635 年，几乎全民都进入了疯狂购买郁金香的大军中。人们不再为了纯粹的欣赏或其他用途来购买它，只是期望郁金香的价格能无限上涨，自己也可以从中获利。

两年后，郁金香的市场突然崩了，价格下跌了 90%。此事一度导致了当时欧洲金融中心荷兰的衰落。可以说，郁金香事件，是人类有历史记载以来的第一次金融泡沫经济事件。

郁金香虽好，但它无法贮藏，它的美是短暂的、易逝的。回归到正题，为什么房子可以被无限炒作？都说钻石恒久远，一颗永流传，钻石之所以名贵的很大一个原因就是它的恒久，房子也是同样的道理。

当人们的财富积累到一定的程度的时候，就需要一个合适的载体进行沉淀。显然，货币不是最好的方式，而发展越来越迅猛的房市却是投资的绝佳方向。“跑得了和尚跑不了庙”，这说明房子是不会被偷走的，它比珠宝贮藏起来更安全，而且还不怕贼惦记。

俗语说：发财不在家乡买田置地，犹如锦衣夜行，谁人知之？难怪房地产自古以来就备受人们的追捧。最后，我们可以假设：如果一套房子只有 5 年的产权，过期就不再属于你了，你还会买房吗？

房地产与货币：房地产与通货膨胀

关于什么是通货膨胀，相信我们之前都或多或少有所了解。现在，我们再来重温一下这个概念。通货膨胀，用通俗的语言解释起来就是：在一段给定的时间内，给定经济体中的物价水平普遍持续增长，从而造成货币购买力的持续下降。

有网友发表了自己的言论，认为只要我们的工资没有增长，就不会发生通货膨胀。此观点一出，就让我觉得百感交集，看来为民众普及一下通胀的概念势在必行。在另一些人看来，如今的通货膨胀都是房地产闹的，二者到底有什么关系呢？现在就针对这个问题来探讨一下。

先说说通货膨胀，为了大家能更好地理解这一概念，给大家举个例子。假设，馒头是市场上唯一被生产出来且流通的商品。我国第一年生产销售了1000个馒头，每年递增10%。而银行第一年发行了1000元货币，以后每年都会递增20%。于是，就有了下面的现象：

第一年，生产销售馒头1000个，央行发行货币1000元，一个馒头卖1元；

第二年，生产销售馒头1100个，央行发行货币1200元，一个馒头卖1.09元；

第三年，生产销售馒头1210个，央行发行货币1440元，一个馒头卖1.19元。

这样下去，一旦馒头的生产数量追不上货币的发行速度，馒头的价格就开始上涨了，通货膨胀也就发生了。

这时，我们会发现一个非常有趣的现象，房地产的出现在一定程度上还可以抵制通货膨胀的发生。这里，我们将房地产想象成已经卖出去的馒头，随着房地产的不断发展，楼盘不断被开发，馒头的数量也就多了起来。馒头的数量一多，就可以应对货币发行失衡的情况，也就能起到抑制通胀的作用了。

先来说一下影响通胀的几个因素。通货膨胀的成因主要来自成本推动、流动性过剩、经济增长速度过快等，而通货膨胀对于那些收入水平比较低的人来说，就是他们明显感觉到生活成本在增加。

为什么房地产这几年会飞速增长，原因无非是那么几方面：第一，城市化的进程加快，导致房子供不应求；第二，居民对房价的“预期”导致当前有效需求的增加；第三，政府出台的房改政策使自住需求大幅度上升；第四，投资方式偏少导致居民对住房投资增加。上面的几条重要原因直接导致了房价上涨。

而房地产的价格变动对货币需求的影响主要体现在这四个方面：

第一，财富效应。房地产价格的上升，也从侧面反映了人们财富的增加，这也说明了货币需求也处于持续的增加当中。

第二，交易效应。随着房地产价格的上升，交易量也得到了大幅扩张。交易量的扩大，导致了用来完成媒介作用的货币量增大。这样一来，人们对货币的需求也就越来越大。

第三，替代效应。房地产价格上涨后，人们也会自觉地调整自己的资产结构对其购买。这样一来，大家都去买房了，持有现金的人也就减少了。随着货币在人们资产组合中的比重不断下降，人们对于货币的需求也就降低了。

第四，比价效应。房地产的价格上涨是导致财富泡沫的主因。财富的实际增长导致了消费需求的增加。综上，房地产之所以能够导致通货膨胀是由这四大因素决定的。财富效应、交易效应和比价效应增大了货币需求，而替代效应减少了货币需求。货币供应量增幅过大直接导致流通中的货币量增加，进而导致货币贬值，引发通胀，从而使房地产价格上升。

在一个闭塞的小岛上，聪明人利用岛上的地形优势和人们还没有真正意义上的房屋这两个便利条件，搞起了房地产。他们先是收集建筑材料，沙子被广泛地用于建筑当中。于是，沙子越来越少，价格也开始不断上涨。更聪明的那部分人开始做起了沙子的买卖。由于小岛的货币发行量是固定的，其他生产出来的产品数量和种类没有增多也没有减少，而沙子的物价开始被大肆哄抬，一时间人们只好通过多印钞票的方式，来抵制沙子价格的增长。

就这样，人们又多印出来了很多货币。随着房子的建好，人们纷纷前去围观。因为此前从未见过这种东西，而且看上去又很舒适，很多岛民动了购房的念头。

而房子的售价却远高于他们的预期。没办法，人们只能再印货币，这次印出的货币比之前多了好几倍。买了房子之后，市面上流通的货币已经多到了难以控制。于是，一时间物价飞涨，钱也就不值钱了。岛民兴致勃勃地住着自己的房子，生活水平却不如从前的一半，可是这个秘密却没人发现。

1998年，随着住房货币化改革的到来，中国的房地产市场得到了进一步发展。房地产投资的增速也一直高于其他固定资产的投资增速。虽然，一路看涨的房价受到了政府的高度重视，并出台了相关政策对其调控，但却是效果寥寥。

从表面上看，虽然房地产价格与CPI之间关系不大，但随着房地产市场的发展，房地产作为一种资产其价格势必会影响到未来的通货膨胀水平。简言之，房地产价格的飙升，一定会在长期范围内带动CPI的攀升，从而加大通货膨胀的压力。

房地产与博弈：房地产投资与博傻理论

房地产其实就是傻瓜之间的博弈，要想了解这一观点，就得看看下面的故事。

地主雇用了许多劳工为其干活，劳工凭借着自己的辛勤工作攒了不少钱，这让地主眼馋不已。为了把这些钱骗回来，地主决定开发房地产，并承诺劳工们都会住上大房子。地主宣布完消息后，收回了劳工的小宿舍。

劳工怎么也得有个睡觉的地方，没有了免费的宿舍，劳工纷纷掏钱购买了地主新盖的大房子。很多劳工拿着辛苦一辈子赚来的积蓄交给了地主，住上了大房子，还对地主鞠躬作揖地表示感谢。还有一部分劳工，在地主的地盘上租起了房子，为了节约成本，不惜几个人合租。

地主又想出了办法，干脆放出消息，说房子要涨价了。这样一来，原本买了房子的人觉得自己赚了，很开心；那些没买的劳工又十分懊悔，怕房子继续涨价，索性也跟风购买了起来。就这样，日复一日地涨价，买房，再涨价，再买房开始了。

地主的小算盘打得很精，但他遗漏了一个问题。土地资源可是有限的呀，就那么点地方，全部开发完也就结束了。如果以房地产为收入，土地开垦完了，房子也卖光了，地主岂不是要喝西北风了？他能忍受节衣缩食的生活吗？显然不能，挥霍无度才是地主的习惯，吃人不吐骨头才是他的本性。

地主笑嘻嘻地说，你说的这个问题我早想好对策了。每一个购买我房子的人，都签署了我提供的一份合同，上面将房子的使用年限设定为30年。30年后我不就可以开始新一轮的敛财了吗？

看到这里，许多人可能会不以为然，认为房子是保值增值的，但你有没有想过，如果有一天，地主看自己快没钱了，对于那些还在使用着房子的房主发布一条新政策：房子30年到期后一律归村里所有，如果打算继续使用就要重新缴费。

或许有人认为这是在危言耸听，合同上白纸黑字写明了房屋的使用年限是 30 年，30 年后将房屋收回看似既合理又合法。在巨大的经济利益面前，你觉得凭借双方的口头约定就能让房屋继续归你所有吗？那是不是就意味着地主的房子都卖出去之后，再无房地产行业了呢？

如何摆脱房地产的游戏，并在游戏中掌握主动权？在一篇著名的文章当中，针对这一现象，给出了中肯的意见。

我们总是被“结婚必须买房”“不买房怎么给孩子上户口”“买房才有安全感”之类的传统观念束缚着，如果上述问题没有解决，我们总是很难感觉到安宁。而房地产商也正是在这样的思想下乘虚而入的。

我国的户籍政策并非一成不变的，没人知道十年之后会发生什么。那些所谓的提早做打算，其实是自己的一厢情愿。至于没房没安全的说法，就更加离谱了。买房耗去了你毕生的积蓄，资产由此还成了负数。空空如也的房子让你有安全感，空空如也的银行卡难道不会让你没有安全感吗？即便你买了房子，做了主人，拥有的也只是暂时使用权，只是一个长期租户而已。

对于那些已经买了房的人来说，也不要指望着房价会一路上涨。如果掉进了这个无底洞，那么此后你的人生也就不再属于自己了。

对于那些暂时没有购房计划的人来说，理性制定财富规划才是正确的选择。为了对抗即将来临的通货膨胀，不让自己辛辛苦苦积累起来的财富被席卷一空，配置 10% 的人民币现金、20% 的欧元、40% 的黄金（实物）与 30% 的商品期货是不错的选择。

相信很多买房一族看到这篇文章后，心情都不会太轻松。如果上一套房子已经用去了你的全部积蓄，你的手里已经没有足够的钱来抵抗生活中的波澜了。那么，你可以选择卖掉手里的房子，从投资的角度来看，这无疑是一种亡羊补牢的做法。而如果你很有钱，当然不必太过在意。房价之所以能高成这样和房地产商的炒作是分不开的。不知道大家听没听过一个笑话：

一个年轻人，生平没做过任何坏事，死后便去了天堂。上帝同情他的遭遇，对他说："年轻人，为了弥补你之前的不幸，我可以满足你一个愿望。"

年轻人很爱国，不假思索地回答："你帮我炸了日本吧。"

上帝觉得这件事很难，让年轻人换一个。

年轻人想起自己生前在上海打工，到死的那天都没有一套属于自己的房子，就对上帝说："那你就帮我在上海买一套房子吧。"

这下，上帝更犯难了，思来想去，最终对小伙子说道："年轻人，你还是给我指指日本的位置吧。"

笑话归笑话，但这个笑话不禁让我们陷入沉思。北京上海的房价一直让外地人望而生畏，如果你只是普通农民一枚，要想在上海买一套 100 平方米的房子，如果按 4.5 万元一平方米来算的话，你需要从唐朝开始种田，并且不吃不喝才能凑齐这笔钱。

如果你是一名工人，每月工资 2500 元。为了攒齐这笔房款，你需要从鸦片战争后开始上班，中间还不能双休，才能攒够房款。

如果你是一名强盗，一次最多能抢 2000 元，为了安全起见，你每周只能作案一次。那么，你要连续抢劫 45 年，而且中间还不能失手……

第八课

经济学在求职方面的运用

求职与价值：跳槽与机会成本

什么是机会成本？我们在前面已经提到了。假如你有一块土地，你种了西瓜，就不能再种香蕉了；假如你选择出国深造，也就不能在国内同时考研了；你看了昨天的演唱会，就要放弃同一时间上映的电影。

这里面，香蕉就是西瓜的机会成本，考研就是出国深造的机会成本，看电影就是看演唱会的机会成本。看似随意的每一个选择背后其实都跟着机会成本。机会成本的概念是什么呢？

机会成本泛指在作出选择后其中一个最大的损失，它会随付出的代价改变而作出改变，如被舍弃掉的选项之喜爱程度或价值作出改变时，而得到之价值是不会令机会成本改变的。

通常在面临选择时，最明智的做法是选择价值最高的选项，即机会成本最低的选项；放弃价值最低的选项，即机会成本最高的选项。道理非常简单，西红柿和西洋参之间如何选择，就价值而言，大多数人会选择后者。后者的机会成本是西红柿，前者的机会成本是西洋参。二者的价值孰高孰低，相信大家都会有一个理智的判断。面临选择时，当然是失去的越少越好，获得的越多越好。

人们通常感觉融资租赁的融资成本比银行贷款高，其实这是一种很典型的错误认识。之所以会出现这种错误认识，是因为没有考虑到机会成本。工厂如果用拥有的有限的经济资源生产 10000 部手机，就意味着无法同时生产 200 辆汽车。而这 200 辆汽车就是工厂为了生产 10000 部手机所损失掉的机会成本。用货币数量来表述它们之间的关系，且假定 200 辆汽车的价值是 1000 万元，则可以说，一部手机的机会成本是价值为 5 万元的其他商品。

这也衍生出了一个概念，即任何稀缺资源的使用，不论在实际中是否为之支付代价，总会形成机会成本。因此，我们必须通过对相同的经济资源在不同的生产用途中所得到的不同收入进行比较，将经济资源从所得收入相对低的生产用途上，转移到所得收入相对高的生产用途上，才能最大限度地避免资源的浪费。

关于机会成本的概念，往往会让人陷入两个误区之中。第一，机会成本必须是决策者可选择的项目，如果不是的话，也就称不上是机会成本。比如，农民的土地只能种植兰花和玫瑰，种植百合则不是他的机会成本。第二，机会成本不是放弃项目的收益总和，它只是已放弃的机会中收益最高的项目。例如，某农民只能在养猪、养鸡和养牛中选择一个，且三者的收益关系为养牛 > 养猪 > 养鸡，则养猪和养鸡的机会成本皆为养牛，而养牛的机会成本仅为养猪。

我们用更形象的例子来说明这个问题。农民的土地是有限的，养了猪就不能再养牛或者养羊了，养猪的机会成本就是养牛或者养羊这部分的收益。养猪的利润如果是 9 万元，养牛是 10 万元，养羊是 8 万元。那么，养猪的机会成本是 10 万元，养牛的机会成本是 9 万元，养羊的机会成本也是 10 万元。

由于被放弃的活动可以是多种的，确定机会成本时又具有主观任意性，所以很容易引起争议。这源于机会成本的概念，并没有明确地说出成本或费用的本质。举例说明，你有一所房子，既可以用于自住，也可以租出去获得收益。租出去就是自住的机会成本，因为这个机会成本并没有涉及实际的金钱交易，因此是一种隐含成本。

高考的机会成本是放弃吃喝玩乐的自由，吃喝玩乐的成本则是放弃获得上更好大学的机会。当然，机会成本是具有随机性的。高考的机会成本除了吃喝玩乐的自由外，有可能是外出打工，或者嫁为人妻。

如果你有一个企业，在购进某种生产要素时，它的市场价格比较低。买到手之后，你发现这种生产要素的价格开始出现上涨的趋势。作为领导者，你该如何决策，是将其卖出还是按照最初的计划按部就班地加工呢？

衡量一项决策的经济利益，就少不了机会成本和经济利润这两大要素的参与。与会计利润不同的是，经济利润考虑到了机会成本问题。因此，作为一个成功的管理者，必须要看到机会成本的重要性。

在面临决策时，往往要从多个方案中选取一个最优方案。什么是最优方案，就是利益最大化的方案，它的机会成本则是放弃次优方案。次优方案也是有“潜在利益”的，这种潜在利益，就是你直接损失掉的机会成本。

回归到跳槽这一问题上来，每个人都会遇到无数机遇。职场中的升迁变动更是如同家常便饭，无论做出何种选择，都要确保自己的利益能够实现最大化，要善于运用机会成本的理念进行理性分析，才能做出正确的选择。

求职与货币：你的工资由什么决定

步入职场的我们，总会感叹这样一个事实：为什么在工作时长相同、工作强度相近的情况下，其他同事的工资总是比我们的要高？这背后究竟隐藏着怎样的秘密呢？

在一座小城里，仅有一位补鞋匠。一天，他因私人恩怨把城中的商人杀害了。杀人偿命，欠债还钱，补鞋匠不出意料地站在了法院的被告席上。

在探讨他如何被处罚的时候，一位市民站出来义愤填膺地说道："尊敬的法官大人，虽然商人被杀害了，但是你要看到一个事实：城中只有他这一位补鞋匠，如果他被杀了，我们的鞋子让谁来补呢？所以，我提议将他无罪释放。"

法官先是一愣，但仔细想想又觉得很有道理。于是，他当即决定将补鞋匠无罪释放，然后想到城中有两个修车的，准备让其中一个替他去死。

故事到这里，也就结束了。你听后是什么感觉呢？会不会觉得有点文不对题，或者是不可思议呢？其实，这个故事虽然有夸大的成分存在，但是放在日常生活中，我们也能找到很多类似的事情作为其理论依据。

俗话说“物以稀为贵”，这句话放在职场当中再合适不过了。当一家公司只有一个员工，并且掌握了公司的所有业务时，那么这名员工对于企业来说就是无可替代的，升职加薪是分分钟的事儿。而在上面故事当中，我们提到的补鞋匠为什么地位如此之高呢？因为，他在补鞋方面对于小城而言是独一无二的，也是绝对的技术扛把子。没有他的话，全城居民的鞋都得不到修补，人们总不能穿着开口的鞋去买菜吧。所以，让他活下来就成了群众的呼声。用经济学术语来说，就是在他的身上不会产生替代效应。

而在工作中，那些不可替代的人才就是老板的“软肋”。这部分人无论提出什么要求，只要不是太过分的，老板就会尽可能地去满足。因为损失掉他们就意味着损失掉了公司的半边天。所以，也就不难解释，为什么老板总是用升职加薪并且赔上笑脸来挽留这部分人才了。毕竟，人很多，人才却是凤毛麟角，企业想要真正找到一个可以替代这部分人才的劳动者并不容易。

相对于一些无足轻重的岗位，要找到可以胜任的员工就是轻而易举的事情了。用人单位只需要去劳动市场转一圈，在求职网站上发发帖就可以搞定。所以，对于这部分人的去留，企业是不会太过在意的。而他们的薪资待遇和上升空间，可以说更是不容乐观。

于是，很多自恃有才华之人的求职之路也就注定坎坷。起初，你的聪明和学习能力会引起公司老板的重视，他们会委派给你一些相对重要的工作，但你的才华如果是入不敷出的，当它们用尽之日，也就是你在企业的末日到来之时。

此时，你无须责备老板过河拆桥，因为这是替代效应在发挥作用。市场竞争的残酷，决定了老板需要的是不断给他创造财富的人才。而那些停滞不前的员工，早晚会被其他更为廉价的劳动力所替代。

“长江后浪推前浪，前浪死在沙滩上”，这就要求我们要做引领市场的“前浪”，还要不断地注入新的水源，才能不被后浪“拍死”，始终立于不败之地。

劳动的价值是劳动被社会承认和接受的部分，也是你社会地位的来源。人是社会的产物，也要做一些事情来得到社会的认可。这就要求，我们的个体劳动必须转化成社会劳动，只有这样，我们对于社会而言才具有价值。根据价值的大小从而获取相应的财富。

汉景帝宴请他的开国重臣周亚夫，席间，汉景帝为他准备了一整块肉，想看看他是什么反应。只见周亚夫无奈地盯着这块肉，面前既没有筷子，也没有专人为其切肉。汉景帝的安排让周亚夫当即就流露出了不满，并向侍从要了双筷子。

汉景帝似笑非笑地说道：“丞相啊，看来你很不满足呀，给了你一块肉，你还非得再要一双筷子，你什么时候变得如此讲究了？”周亚夫赶紧跪下谢罪。

随后，汉景帝对其他大臣说道：“我们的丞相既然不习惯这种吃肉的方法，那我们的宴席也就没有举行下去的必要了，散了吧。”周亚夫的种种做法，让汉景帝心里泛起了嘀咕：“周亚夫连对我最基本的尊重都做不到，我又怎能将少主托付给他呢！”

由此，汉景帝判断出周亚夫不适合做太子的辅政大臣，如果辅佐了太子，势必有一天会做出出格的事情来。于是，少主登基后，周亚夫也就不受重用了。

说到这里，相信很多人都会为周亚夫鸣不平，觉得只是要了一双筷子而已，简直太冤了。但是，背后的实质却不仅仅因为一双筷子。周亚夫在国家内忧外患之际是无可争议的功臣，那时的他是不可替代的。但在内乱平息后，国家一派太平盛景，这时需要的自然是能够全心辅佐少主、安抚民心的谋臣。周亚夫作为一介武臣自然不会受到重用，也就成了一个可以替代的人。

人无完人，每个人都有自己的擅长和不擅长；但每一个人也总会有相对擅长的领域，在这个领域中可以找到自己的不可替代性。因此，企业用人机制就决定了它们必须要充分掌握每一个下属的优缺点，物尽其用，将人用在刀刃上。而作为劳动者，我们一定要不断将自己的优势扩大化，如果不能在某个行业内做到顶尖，就一定要多领域综合发展。我们的工资是由什么来决定的呢？相信读了本文的你心里已经有了答案。

求职与市场：求职难与用工荒

“一毕业就失业”，这是太老生常谈的话题了，大学生就业难，难于上青天。这事一听就觉得有些夸张，这些受过高等教育的大学生，难道连一份差不多的工作都找不到吗？是用人单位过于苛刻，还是大学生眼光过高？是大学生所学专业受限，还是用人岗位太少？想分析这一现象，我们就要搞清楚这几个问题。

再来说说用工荒的问题，这就好比我们曾听说过的那个“狼来了”的故事。如今狼真的来了吗？许多企业在火车站、汽车站等地搭建临时招工摊位，招录将要离开本地的外出务工人员，同时抢先招收外来的务工人员。

火车站是一个迎来送往的地方，既是外出务工人员在这个城市的最后一站，也是外来务工人员到达这里的第一站。于是，企业就在用工荒的情况下，来火车站“抢人”了，他们都希望能够优先招录到合适的员工。在企业用工荒的同时，大学生却找不到工作，这就好比市场同时出现了供不应求和供过于求的情况，是不是很荒谬呢？

于是，我们不难看到，用工荒与就业难并存是我国用人市场的现状。在这种情况下，企业招不到人，或者很难招到人；而劳动者找不到工作，或者很难找到工作。在人等岗位的同时，岗位也在等人，这是不是有些不可思议呢？现在，我们就来分析一下出现这种情况的原因。

一、企业待遇、福利保障太低。随着物价上涨，生产原材料的价格大幅提升，导致了企业的生产成本增加。生产成本增加的同时，企业只能将员工的涨薪空间压低了。随着经济泡沫的出现，劳动者在生活的方方面面加大了支出。如果工资过低，劳动者的生活水平自然会下降，甚至根本无法保证基本的生活需求。

中国是公认的世界工厂，随着制造业不断扩大生产，对劳动者的需求量不断增加。劳动者也就有了更多的选择空间，如果企业仍然保持着低工资、低福利，是难以招到员工的。

二、就业观念落后甚至错误。部分劳动者缺乏对自身正确清醒的认识，过于高估自己的能力，在求职中往往眼高手低、好高骛远。他们过于追求工作环境的舒适和工作内容的舒适性。不少毕业生的知识和技能并不能满足企业的需要，他们缺乏实际操作经验，在解决实际问题上的动手和应变能力比较差。这也就是部分用人单位拒招应届毕业生的原因。也从一个侧面反映了学校对大学生在就业培训方面的缺失。

三、企业需求的人力资源与市场所提供的劳动者在类型和级别上不相符。在用工荒问题出现之前，企业所需的劳动者大多学历和技能较低。但在劳动密集型向技术密集型转变的过程当中，企业对劳动者素质的要求也就越来越高了。在这种情况下，很多劳动者的素质根本达不到企业的要求。而具有较高素质的劳动者又因这些劳动岗位在社会中地位较为低下而不愿意从事。

四、社会薪酬体系的不科学，工种间社会地位的不合理。薪酬体系的不完整，导致贫富差距越来越大。即便底层劳动人民创造了可观的经济财富，也推动了社会发展，但他们却得不到应有的薪资待遇和社会地位。部分毕业生认为自己的学历毕竟高，就轻视这类劳动者，自己更不愿意从事这类工作。

小孙是去年毕业的大学生，会计是她的所学专业。毕业之后，她一直是在家乡找工作还是自己出去随便找一个工作先干着这两者之间犹豫不决。年底的时候，家里给她找了一份相应体面的工作，是一家新成立的广告公司，没有实质性业务，她担任的是这家公司的出纳。

因为没有实质性业务，出纳也就成了保洁员。她每天到公司之后先做一遍卫生，然后为总经理去各个局跑文件，没事的时候就帮着擦车擦地板。但不得不说，这份工作还是很滋润的，如果一整天都没什么事，她就坐在电脑前翻网页或者聊微信。

很多人劝她趁早离职，这份工作没前途，而且她什么都学不到。但她本人却不这么认为，觉得女生更应该注重工作的稳定性，至少现在就很好。天有不测风云，四个月之后，该公司因为入不敷出，宣告倒闭，她也就失业了。

因为此间的工作经验并没有专业知识的累积，她辞职后只能回家待业。此时，她爸妈也在积极托人帮她运作工作的事情。就这样，她一等就是一年多，最后终于等来了一份老年公寓前台的工作，却被她拒绝了。她认为这种工作说出去不够体面，还涉及值夜班的问题，对于女生来说实在不是一个好的选择，万一结婚之后有了孩子，该怎么办……就这样，她直到现在还没有找到合适的工作。

就业这件事，方法总比困难多，出现问题就要积极想对策。针对上述应届生就业难问题，提出如下两点建议：

一、学校要对学生进行职业生涯培训，帮助其改正错误、落后的职业观念。职业不分高低贵贱，任何劳动者都应该用自己的劳动获取相应的报酬，改善自己的生活水平。没有底层劳动者的辛勤劳动，社会的基础设施建设也就无从谈起。这也要求大学生必须看清楚自身的能力，找工作的时候不要眼高手低，只有这样才能找到最适合自己的工作。

二、学校应与企业进一步合作，让企业参与讨论并决定学校的教学和实习内容。让企业资深人力资源总监、职业规划师等经验人士参与学生的职业咨询、就业指导、面试技巧等方面的培训。

求职与博弈：职场上的智猪博弈

智猪博弈大家或许没听过，但是对大猪和小猪的两组实验可能就不那么陌生了。猪天性爱吃，因此在吃的事情上表现得极为聪明，它其实是智商很高的动物。

实验组成员将猪圈里的一头大猪、一头小猪分成两组。在猪圈的另一头安有控制猪食供应的按钮，每按一下就会有 10 个单位的猪食注入槽中，但踩完按钮再跑到食槽所付出的体力，要消耗 2 个单位的猪食。规则的有趣之处就在于，如果是小猪先踩踏板，那么大猪则会在小猪跑到之前吃掉 90% 的食物；如果是大猪先踩踏板，那么，小猪吃得慢，所剩的 60% 的食物还是有可能归大猪；若大猪、小猪同时到槽边，大猪可以吃到 70% 的食物，而小猪只能吃到 30% 的食物。

无论怎么看，规则的制定者都是偏向大猪的。但看似毫无悬念的实验却发生了出人意料的转折。最后是谁先踩上了踏板呢？是大猪，而小猪只是舒舒服服地搭着顺风车，等在食槽边就可以享受美味了。

大猪却被累得气喘吁吁，不知疲倦地在踏板和食槽之间奔跑。为什么会出现这样的情况呢？

不知道小猪是不是数学高手，总之它计算成本的本事很大。小猪选择等待的原因很简单，如果小猪跟着大猪行动的话，它虽然吃到了 3 个单位的食品，但也浪费了 2 个单位的成本，收益为 1。但如果小猪等待的话，还能获得 4 个单位的纯收益，可以说等待要比行动收获更大。

当然，如果在大猪等待的情况下，小猪选择行动，那么它的收益将为 –1 个单位。而这时，如果小猪继续等待的话，它的收益虽然也为零，但是却没有成本。所以，小猪的等待总是要优于行动的。

小猪的选择反映到博弈论中的报酬矩阵上，如下图：

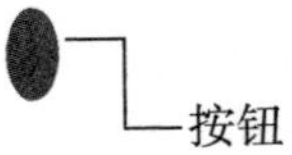

		小猪	
		行动	等待
大猪	行动	5, 1	4, 4
		9, –1	0, 0

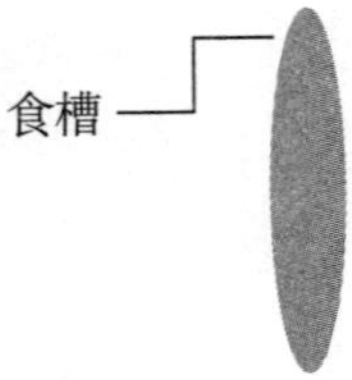

智猪博弈

上面的例子说明了什么？相信不同的读者会有不同的见解。最直观的一点是，对于小猪而言，无论大猪是否踩动踏板，观望对于它来说都是最好的选择。而大猪呢，见小猪迟迟不行动，于是不惜自己往返于按钮与食槽间，将自己累成了“猪”。这个实验很形象地揭示了矛盾双方的关系，在经济学上被称为智猪博弈论。

博弈是什么？博弈是竞争反映到经济学领域的别称，它是现代数学的一个分支。关于博弈有一个严格的定义：博弈指的是在多决策主体之间行为具有相互作用时，各主体根据所掌握信息及对自身能力的认知，做出有利于自己的决策的一种行为。

似乎人人都有一个想法：“天塌下来，有高个的顶着。”因此事情总是轮不到自己的头上。不过，事实也的确如此，这些坐顺风车的人总能得到大于主事人的利益。

将这种观点具象化，反映到一个股份公司里也是如此。股东承担着监督经理的职能，就必不可少地要承担监督的成本。在成本相同的情况下，大股东的收益明显要高于小股东。

因此，大股东自然对监督经理这件事更为上心，小股东就相对放松多了。于是，小股东搭顺风车这事就自然地发生了，而大股东明知事实如此，也无计可施。

智猪博弈给了我们什么启发呢？实验中的小猪显然是弱者，大猪在体形上要优于它，因此暂被称为强者。对于处于竞争中的弱者，即公司中的小股东来说，等待才是最佳的策略。

竞争无论对谁来说都是残酷的，双方比拼的不光是体力，还有智慧。博弈中的双方总要想办法来攻击对方，保护自己，从而取得最终的胜利。如果对方也是一个与你同样理性的人，他会怎么做？还会让你占尽天时、地利与人和，从而将等待转换成财富吗？因此，竞争需要的是更高明的智慧，这也是一场斗智斗勇的战争。

有人将博弈论称为对策论，因为它是研究决策主体行为发生直接相互作用时的决策以及这种决策的均衡问题的学问。因此，作为一名企业经营者，如何理解并运用博弈论的有关知识提升管理效率，才是最为重要的事情。

博弈论在价格和产量决策、经济合作和经贸谈判、引进和开发新技术或新产品、参与投标拍卖、处理劳资关系，以及在与政府的关系和合作等诸多领域都是高效的决策工具。

英国政府将流放在澳洲的犯人交由往来的商船，并在犯人上船的时候就支付其佣金。问题也随之而来，因为遭到水手和船主的虐待，犯人经常还没到目的地就死于船中或葬身大海。

针对这一情况，政府作出了小小的改变，将支付佣金的时间推迟到犯人被送达目的地之后。改变虽小，却杜绝了犯人死于途中这一事情的发生。

这个小故事其实告诉了我们，先付钱和后付钱的区别。先付钱者往往得到了信誉，却损失掉了主动权；后付钱者往往把风险留给了对手，风险最小，收益最高。

其实，博弈经济学中的原理可以解释发生在经济生活中的很多现象。比如，我们大家都关注的房价。如今，房价走势很不稳定，无论是涨价还是降价总会有人欢喜有人忧。

为什么一家公司降价，其他公司也立即争相降价呢？原来，如果大家都不降价，先降价的公司往往以最快的速度就能回笼资金；而不降价的公司可能到最后落得个血本无归的下场。如果大家都不降价，则一片太平盛世，苦的只有消费者。每个人都希望自己的商品能够快速售出，最大限度降低风险，因为市场是瞬息万变的，夜长者梦多。

因此，对于个体而言，无论对方如何选择，最优的方案都是降价。

对于每一个参与者来说，只有对市场信息做出充分而准确的判断，才能做出对自己最为有利的决策。

职场上干得越多赚得越少

都说上帝在时间面前是公平的，随着时间的推移，少年会变成中年，中年会变成老年，最后都会走向死亡。而就在这个过程中，我们会随着时间的增长变得越来越通晓规则。

著名作家格拉德威尔在《异类》一书中指出了一万小时对于一个人的重要性。原文如下：人们眼中的天才之所以卓越非凡，并非天资超人一等，而是付出了持续不断的努力。一万小时的锤炼是任何人从平凡变成超凡的必要条件。

我们将其称为“一万小时定律”。如果我们要成为某个领域的专家，就需要花费一万小时的时间。那么，这一万小时有多长呢？如果每天工作八个小时，一周工作五天，那么要想成为一个领域的专家至少需要五年。

现实的问题是，我们如果专注于一个领域五年就可以成为该领域的专家吗？现实恐怕没有那么理想化吧。这个概念是存在前提的，就是在这五年的时间里我们要不断思考并改进自己的工作方式，甚至调整工作目标才能成为真正意义上的专家。否则，我们往往会成为职场中那个干得最多，却赚得最少的人。

有一个笑话，说一个记者采访一个放羊的男孩。两人针对放羊的问题展开了如下经典的对话：

“你为什么要放羊呢？”

“当然是因为羊可以卖钱。”

“卖了钱之后你打算做什么？”

“娶媳妇。”

“娶媳妇做什么？”

“生孩子。”

“生孩子做什么？”

“继续放羊。”

会心一笑的同时，我们也不禁陷入思考。如果用经济学的相关理念进行解释，那么我们将这种现象称为“内卷化效应”。

利福德·盖尔茨是人类文化学家，为了进一步研究农耕文化，他只身来到了爪哇岛，并在那里钻研起了水稻种植技术。平日里向往名山大川的他，此刻面对如诗如画的美景却提不起任何兴趣。

就这样，时间一天一天过去了，他的研究却没有取得任何进展，完全是在种锄收割这种简单的农事活动中进行简单的重复。除了越长越高的庄稼外，一切都没有改变，他日复一日地在原地打转。于是，他将这种现象称为“内卷化效应”。之后，这一概念便被广泛应用到了政治、经济、社会、文化及其他学术研究中。

内卷化，简言之，指的就是一种没有增长、故步自封的状态，既无突变式的发展，也无渐进式的增长，长期以来，只是在一个简单层次上自我重复。在有限的资源和时间内做着无用功，既浪费生命，也消耗了自己的热情。

马尔克斯在其魔幻现实主义的名作《百年孤独》中，塑造了阿玛兰卡这一主人公形象，而她的一生几乎就是在一种机械重复的状态下度过的。她靠织裹尸布为生，于是拆了织、织了拆就成了她一生中做过最多的动作。

生活中，我们应该对下面的这种现象深有感触。同时进单位的两个人，开始的时候起点一样，过了一段时间之后，就出现了高低之分。一个人总是喜欢尝试各种挑战，于是在短短的几个月时间里学会了很多新技能；而自恃有一定经验的另一个人却一直在自己的优势上止步不前，不想做出改变，不愿意尝试新鲜。于是，后者逐渐被前者所淘汰，继而发出了“士别三日，刮目相看”的感慨。起初的时候前者的进步往往会招致后者的嫉恨，时间越久，两人的距离越来越远，后者则会由嫉妒转变为羡慕，却始终无法改变自己，依旧在重复单调的道路上越走越远。

内卷化效应会谋杀掉一个人对事业的热情，对未来的追求，就像温水中的青蛙，慢慢地被烧得越来越热的水烫死。为什么你干得最多，却赚得最少呢？因为，你做的一直就是单调重复的工作，这部分工作既无法让你得到提升，也无法为企业创造任何直接收益。在这个不问苦劳，只问功劳的时代，你理所应当地就被边缘化了。

这就要求我们要做到人无我有，人有我精，人精我特，人特我专，随着社会的需要不断地改变自己、丰富自己、挑战自己，从而成就自己。

第九课

经济学在婚恋方面的运用

婚恋与价值：婚恋幸福的边际效应

读者还记得边际效应递减定律吗？一个人在很饿的时候，吃的第一个馒头总是最能让他得到满足的，后面馒头带给他的满足感就不断地降低，到了第五个的时候就再也不想吃了。第一个馒头和第五个馒头没有任何区别，但却有着不同的边际效应。因此，投射在人心里的感觉，受到的待遇却是大相径庭的。

在一起生活多年的夫妻也是如此。初见之时，两人彼此吸引，仿佛对方是世界上最美好的存在，连拉拉手都要心跳加速。随着时间的推移，婚姻也进入了疲软期，两个人近在咫尺，却连看对方一眼的兴趣都没有了。

近日，娱乐圈某明星的离婚事件在网上传得沸沸扬扬，一时间关于这个消息的新闻铺满网络，很多人都加入到这场社会性的讨论当中。

这件事的起因，是该明星以一纸“微博版休书”告知世人，夫妻两人缘尽。之后，有人对双方指责，更有人指出该明星当年是看走了眼。看到这里，大家不禁要问，这和本章的主题有什么关系呢？

其实，该明星的婚姻败局与物质的边际效应有着很大的内在联系，女方作为一个长相颇佳的女孩儿，对自己的外表是非常有自信的；而该明星则是从底层的群演起步，形象算不上十分出众，两人在外表上的差距不是一般的大。为什么外在悬殊的两个人会走到一起，因为真爱吗？还是另有原因？

关于这一点，网络上众说纷纭，但总的来说，很多人都认为女方是看重了男明星的条件，能够满足其物质要求。渐渐地，男明星通过自己的关系，让自己的资源为女方所用，而女方在有了一定的物质积累之后，男明星对她来说，效益也就慢慢减弱了。

在这里，我要将爱情交换物的概念引入进来。什么是爱情交换物？都说爱情是买不来的，但它却是能够换来的。所谓的刺激和心跳，皆是因其满足了你内在的心理需求。有的人爱物质，有的人爱冒险。

既然是交换物，而它存在的价值在于戳中人的痒点，那么，它就一定会存在一个有效期限。财富与地位虽然能带给人一时的满足，但却掩盖不了人对美好肉体和灵魂交融的渴望。无论他们之间曾许下怎样的誓言，有过怎样的浪漫，最后都不得不回到自己的内心深处，面对赤裸裸的人性本能。

男明星持续增加在财富优势上的投入，虽然也能给自身带来价值，但这项优势，对于女方来说，其收益是逐渐递减的。这时，对于男明星来说，与其拿着这笔钱投资女方，不如投资自己，提升自己的气质和品位。毕竟，美好的外表也是可以后天塑造的。

可见，有时候一条道跑到黑并不在所有情况下都适用。难怪有人在分手之后，总是忍不住抱怨："当时，你说就爱我这一点，现在怎么就变心了呢？"很多人以为是对方变心了，才会对其百般挑剔。殊不知，对方是受了边际效应递减的影响，对某个优势厌倦了，而你又没有其他方面的优势来替补，才继而导致爱情变质的。

这年代离婚不稀奇，很多人都是在离婚之后才正式成为朋友，开始想去了解对方的。可这两个人，一起走过了30年的风风雨雨，却在孩子已经长大成人，生活越来越好的时候离婚，这倒是令人有些想不通了。

问及双方离婚的理由，他们也说不出个所以然来。话语间透露出的是双方在柴米油盐这种琐碎小事上的厌烦与不满，导致了对婚姻的审美疲劳。最终，婚姻的边际效应开始出现，并为二人的关系画上了句号。

故事到这里，其实可以结束了。但分手后的二人却一直都没有再找，这就不太合常理了。问及女方不婚的原因，她竟然潸然泪下。原来，她身边也有过几位追求者，但和他们在一起的时候，她总能想起和前夫的点点滴滴而无法真正地投入下一段感情中。而她的前夫呢，也是如此。两人既不能彼此相守，也无法开始新恋情，这才是最纠结的。看来，婚姻的边际递减效应害人不浅。

茫茫人海中，能够相遇已属不易，更别说结发为夫妻，这概率渺茫到仅有65亿分之一。这是天赐的缘分，也是双方努力的结果。遇到问题的时候要想着去解决，离婚只是逃避问题的一种方式，也是两人间最坏的结果。

聪明人看到这里心里早已有了答案：不断完善自己，让优势扩大到多个方面，不断为对方制造新鲜感和小浪漫，想要貌美就一直打扮下去，想要浪漫就一直调情下去。保持恋爱中的上进心才是经营成功婚姻的王道。

婚恋与货币：嫁不出去其实是个选择题

近年来，相亲节目的收视长虹，已经说明了问题。大龄剩女问题就像安定生活中的一颗定时炸弹，所有女人都不希望被剩下的是自己。

还记得那个搞笑小段子吗？将剩女分成了三六九等，25~28 周岁之间，为初级剩女，因其尚存继续为寻找伴侣而奋斗的勇气而被称为“剩斗士”；28~32 周岁之间，为中级剩女，这部分人年龄已大，机会不多了，因此获得别号“必剩客”；32~35 周岁之间，为高级剩女，在残酷的职场斗争中存活下来，依然单身，被尊称为“斗战剩佛”；而到了 35 周岁往上，就成了资深剩女，被尊称为“齐天大剩”。

这么看来，剩女之所以嫁不出去并不是因为她们的自身条件差，而是另有原因。通过数据分析不难发现，这些被称为剩女的群体大多有三个特征：第一，她们本身条件很优秀，深受众多男子追捧；第二，她们择偶眼光过高，时常因为对方的长相、才华、学历、经济、地域等任一方面不符合自己的要求而放弃与对方相处；第三，她们本人的事业心一般都比较重，学生时代往往因为学习而不恋爱；工作之后，又因为工作环境而导致接触不到异性，或根本没有时间和异性相处。

当然，这部分群体里也不乏“曾经沧海难为水”的情况，如上大学时，遇到了生命中的那个他，只因天公不作美，毕业后两人分开，以至于此后的很长一段时间，女方陷入悲伤的情绪当中无法自拔，耽误了自己的好时光。

考研的朋友会发现，周围有很多同学都是大龄剩女。她们将自己全部的精力都投入到了学习或社团的工作之中，根本没有心思去结识异性，更别说谈一场轰轰烈烈的恋爱了。研究生毕业后，眼看着自己的年龄越来越大，终于意识到找对象的重要性了。这时的她们环顾四周才发现，地里的名草早就有主了。于是，她们开始各种相亲，还托朋友帮自己介绍，但因为两人之间的学历差距，导致对一件事物的认知分歧过大，毫无发展下去的可能，事情也就因此而作罢。

记得在相亲节目《非诚勿扰》中，一个女嘉宾坚定地说：“我要在这儿找到我的‘Mr.Right’，无论录多少期，我都愿意等。”黄菡老师却说：“如果你 20 岁，你可以等，但你现在已经这么大了，难道还要一直不降低标准吗，你没有考虑过你付出的成本吗？”这句话其实说出了很多人的心声，同时也说出了剩女之所以是剩女的原因。

很多剩女其实不是毫无选择，而是选择过多，导致自己挑来挑去，早已失去了当初那个最适合自己的。再反过头来寻找，当初的最好早已成为别人的老公。她们为了寻找最优的目标，忽略了自己为之付出的时间成本。她们在选择的同时，产生了巨大的机会成本。

于是，很多剩女变得不那么坚定了，开始动摇自己的择偶标准。

嫁与不嫁成了降低标准还是固守标准之间的一道选择题。

在这个选择题中，有些剩女选择了降低标准。但到了一定的年龄，男性的性别优势就凸显出来了。时至中年，部分男性正是事业有成的时期，他们会甘于选择那些年龄比自己还大的“老姑娘”吗？她们往往青春不再，容貌不再，唯有一肚子牢骚与日俱增。

剩女在降低了标准之后，发现自己可选择的空间其实还是非常大的，她们对相亲的对象越来越宽容，对自己接受的标准也越来越放宽。她们很快就发现，放过别人的同时，其实也是放过了自己。就这样，这部分人的春天不期而至。

当然，还有些剩女不愿降低标准，她们认为，既然我已经坚持到了现在，如果放宽，岂不意味着之前的坚持毫无意义吗？她们不愿意承认自己是错的，所以就在剩女的路上越走越远。这种追求优秀的习惯成就了她们，也险些摧毁了她们。

有一个俗套的比喻，说另一半就是一双穿在脚上的鞋，鞋子合不合适只有自己最清楚。其实，仔细想想，这话说得挺对。无论降低标准与否，你首先需要改变自己，而相应而来的后果，也要预判到。有句话说得很好，你若盛开，蝴蝶自来。拥有丰富且相同频率的两个灵魂才会最终相遇。因此，不要一味地要求另一半，将这种高要求加之于自己身上，相信在很多领域都能有所收获。

婚恋与市场：缔造花花公子的马太效应

强者越来越强，弱者越来越弱的现象，在经济学领域有一个专有名词叫“马太效应”。而这个概念，最早源于《圣经·新约·马太福音》中的一则寓言故事。

从前，有一位即将出门远行的国王，临行前，他将自己的大部分家业交给三个信得过的仆人来保管。聪明的国王根据每个仆人的才能大小，为其分配了价值不等的银子。第一个仆人分到了 5000 金；第二个仆人分到了 2000 金；第三个仆人只分到了 1000 金。

分好之后，国王就去周游世界了。领到 5000 金的仆人拿着这笔钱做了小买卖，也赚到了等同于这笔钱的报酬；拿到 2000 金的仆人靠着自己聪明的头脑，另外赚到了 2000 金；第三个仆人想来想去，怕这笔钱被人偷走，什么都不敢干，只把它埋在了树下。

周游列国的国王不久之后就回来了，问及他们的理财情况。第一个仆人上前汇报说："陛下，我已经拿着您的钱投资了一笔生意，又赚了 5000 金。"国王对其投去了赞赏的目光，并宣布其升职的消息。

第二个仆人也上前汇报说："主人，这是您交给我的 2000 金，另外，我又多赚回了 2000 金。"国王也很满意，对他说道："不错，我从你的眼神中看到了你的善良和忠心。"

这次轮到第三个仆人上前禀报了："主人，我知道您一向严厉，您把这笔银子交给我，真是让我坐立不安，生怕有什么闪失。所以，我干脆把这笔钱埋了起来，不多不少还是 1000 金。"国王面露怒色，回答道："凡是少的，就该让他一无所有；凡是多的，就该让他拥有更多。你既然如此懒惰，就不配拥有银子。"于是，将他手中的钱收

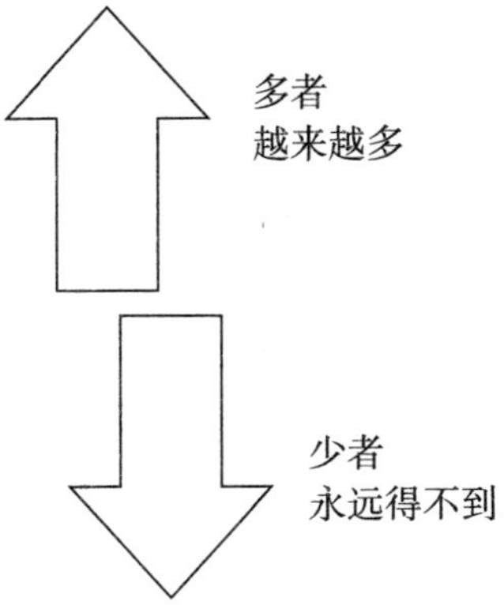

赢家通吃的马太效应

回，给了那个已经拥有10000金的仆人。

这便是马太效应的来源，而它所奉行的原则是好的越好，坏的越坏，多的越多，少的则越少，强者恒强、弱者恒弱。无论是在婚恋还是在经济生活当中，马太效应都在不知不觉间发挥了不可小觑的作用。

在一个行业当中，大企业往往较之于小企业更具有话语权。这些小企业想要抢占它们的市场绝非简单的事情。不仅如此，实力强劲的大企业想要获得资金支持也是易如反掌的事情，而这对于小企业来说，则比登天还难。

因此，大企业往往能够凭借产品和价格的优势赢得更高的知名度和美誉度，而小企业则往往在与大企业的竞争中死无葬身之地。如果马太效应之于大企业的是良性循环，那么对于小企业来说，无疑是恶性循环。

除了营销领域之外，马太效应反映在婚恋领域也是同样的道理。

笔者的一个好友因为和男友分手，还不慎摔伤了腿而不得不住进医院。在住院期间，她的情绪十分糟糕。她曾是我们班里的班花，平日里的仰慕者众多，知道了她摔伤的消息后，仰慕者纷纷赶去医院探望。

她仍沉浸在失恋的痛苦中无法自拔，还在幻想前男友能来看她。为了让她早日脱离苦海，我给她讲起了道理："爱情和很多人一样，总是嫌贫爱富的，越是缺爱的人越得不到爱，而你得到的爱越多，反而会有更多人来爱你，这就是经济学里所说的马太效应。就像每个人都知道有些人是花花公子，眼见着他频繁地更换女友，可还是爱他到无法自拔。”

果然，闺密听了我的话改变很大，在接下来的时间里，她对每个人都笑脸相迎。接着又有好几个追求者出现在医院里，他们给闺密送花、讲故事、削水果，献各种殷勤。闺密的心情一天比一天好了起来，人也开朗了许多。

个人感觉马太效应十分残酷，它是冰冷且无情的，它更像是成功者的代言人，全然不顾失败者的感受。当然，不断的积累和机会的到来，也是成功的前提。

当我们没有爱情的包围时，不妨让自己的心态变得平和，不要因此而充满怨恨情绪。没有花开的季节，要想象花就开在你的不远处；爱情如未到来，也不妨试着调整自己的状态，听几首美妙的老歌，看几场经典的电影，平稳度过人生的低潮期。

第十课

经济学教你规避风险

高回报率的陷阱：庞氏骗局

随着中国金融市场的蓬勃发展，投资品种和投资渠道不断增多的同时，也吸引了不少具有理财意识，渴望通过投资来致富的投资者。面对众多投资选择，收益率成了他们衡量是否购进一款理财产品的重要标准。

网上经常打出这样的理财广告：只要投资 1000 元，每天分红 20 元，3 年轻松赚取 25 万元。相信不少人在看完这则广告之后内心就开始出现了阵阵悸动。谁都有自己的小算盘，正规理财产品要想获利多些就要投入不少本金，而这个就不同了，门槛如此之低，只要 1000 元，就可以实现一夜暴富的梦想。

一名网友向第一财经《财商》咨询该广告的真实性。对方声称这家美国 CPF 技术开发公司向客户承诺，可以通过比特币智能高频交易系统，为投资者获取上述高额投资回报率。

该网友还告诉记者："我家里人最近投入了 1000 元，结果不仅回本了还额外赚了 1000 多元呢。”除此之外，也有不少网友称 CPF 平台确实能在短时间内让投资者回本。

但面对这样高额的回报率，连索罗斯、巴菲特这样的金融大鳄都会自叹不如，这么一件天大的好事，怎么就砸到我们头上了呢？这事乍一听就觉得不靠谱。即便如此，面对高额的投资回报率，还是有不少人为之心动，纷纷献上了自己的存款，几万元、几十万元不等。

在这种情况下，我们要先问问自己，这到底是一张馅饼，还是一个陷阱。否则，很可能你就会深陷庞氏骗局而不自知。

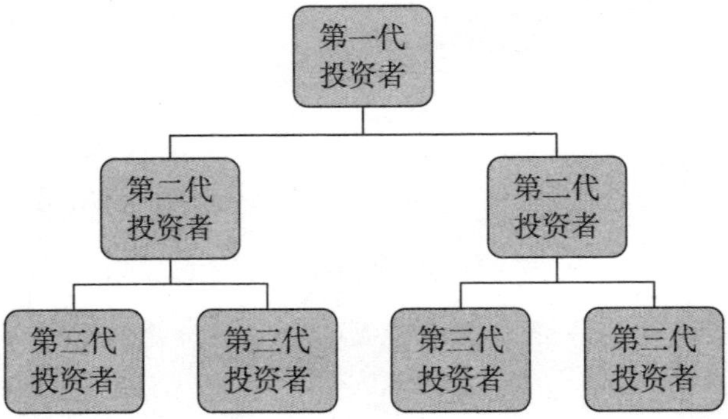

金字塔状的庞氏骗局

庞氏骗局是对金融领域投资诈骗的称呼，这种骗术的发明者是一位叫作查尔斯·庞兹的商人。庞氏骗局在俗语中也就是“拆东墙补西墙”“空手套白狼”。简言之，就是利用新投资者的钱来向老投资者支付利息和短期回报，以制造赚钱的假象进而骗取更多的投资。

查尔斯·庞兹是意大利人，1919 年的时候，他策划了第一个阴谋。狡猾的骗子承诺所有的投资者，可以在短短 3 个月的时间里获得 40% 的投资回报。这样，不少市民上当受骗了。随着骗款的不断增多，庞兹将这些钱作为快速盈利付给了那些最初的投资者，这样一来，就有更多的人上当了。由于前期投资回报丰厚，庞兹仅仅在 7 个月内就吸引了 3 万名投资者，这场阴谋在持续了一年多以后，被利益冲昏头脑的人们才清醒过来。

这也就可以解释文章开头理财公司的做法了，网友的话是真实的吗？当然，也只有这样的 CPF 平台才能骗取更多投资者的信任，从而获利更多。

随着大大集团、快鹿集团、中晋系等事件的接连爆发，不少投资者非但没有获得商家最初承诺的盈利，往往连本金都难以赎回。据统计，涉案的理财公司牵扯的资金少则数亿元，多达百亿元，而受骗者往往贪图高额回报甚至损失掉了自己的积蓄，不得不说是一起起人间悲剧。

都说你不理财财不理你，可是当你理财之后，财就真的会理你，不会离你而去了吗？投资者想通过投资行为而获利，这本就无可厚非，但高收益的背后往往意味着高风险，这点我们应该看到。

2015 年 9 月 1 日正式施行的《最高人民法院关于审理民间借贷案件适用法律若干问题的规定》第二十六条规定："借贷双方约定的利率未超过年利率 24%，出借人请求借款人按照约定的利率支付利息的，人民法院应予支持。借贷双方约定的利率超过年利率 36%，超过部分的利息约定无效。借款人请求出借人返还已支付的超过年利率 36% 部分的利息的，人民法院应予支持。"

这说明什么？民间借贷年利率只有 24% 是受法律明确保护的，而超过 36% 的部分在法律上则被视为无效。

许多非正规线下理财公司正是利用了法律的盲点，钻了空子，于是在实际操作上开始大量吸金再放贷，这也是其资金池的来源。不要以为有实体的理财公司就相对安全，在上海地区竟有 20 多家理财公司曾发生过风险事件。借旧还新，拆东墙补西墙是庞氏骗局的惯用伎俩，我们要对其进行甄别。

众所周知，美交所、纽交所、纳斯达克是美国的三大股权交易所。其中，美交所的资格是最老的，而纳斯达克开始的时候也不像如今这样风光，它的发展多亏了一个人——麦道夫。

麦道夫在加入纳斯达克之后，仅做了一件事就革新了人们的炒股方式，即发明了一套电子股票交易系统，这一系统被沿用至今。这种新技术的引入，让纳斯达克得到了迅速发展，人们纷纷来此尝新。

此事为麦道夫积累起的超高人气，也为后来的麦道夫“黑洞”吞噬事件打下了群众基础，每隔几天就曝一个受害人，大导演斯皮尔伯格、诺贝尔文学奖得主威瑟尔也不能幸免。

金融事件虽然屡禁不止，受害者也在持续增加中，但我们还是要对理财重新树立起信心，毕竟受骗者只是其中的少数。由于线下理财环境的封闭性致使信息难以流通，因此投资人在投资时需要注意几点：

第一，不过分迷信广告宣传；第二，明确公司业务模式、资金流向；第三，分散投资，不把鸡蛋放在一个篮子里。投资人自然要树立危机意识，监管部门更需要重拳出击，整治理财领域乱象。只有明确线下理财公司的业务范畴，对其信息进行披露并建立一个健康健全的理财环境，才能从根本上杜绝庞氏骗局的发生。

止损线是一份关于投资的保险

恋人感情破裂，总有一方先提出分手，而提出分手的一方就是在及时止损。两个人一旦感情变质，就会由最初的甜蜜变成三天一小吵、五天一大吵，这对于双方来说无疑都是一种伤害。既然关系进行不下去了，我们就要想办法将伤害降到最低。

不止损的话会怎样，如果一方不依不饶呢？笔者和一位大学舍友毕业之后的几年一直有联系，从只言片语中可得知她的近况不太好，情绪也很不稳定。起因是她喜欢上一个男孩，男孩对她却不是特别“感冒”。

交往了两个月不到，男方就提出分手。但她却穷追不舍，不惜为了男方轻生。终于，男方禁不住她的软磨硬泡答应和她结婚。婚后不久她就怀孕了，而男方则开始夜不归宿，看不到人影。孩子出生之后，男方终于受不了了，向她提出了离婚，还认为当初心软就是个错误。

在这个案例中，女方和男方的做法都有失当的地方，二人面对一份已经终结的感情没有及时止损，这对于双方的伤害都是无法逆转的。

而在投资领域，我们也经常能听到这样的懊悔：“哎呀，早抛出的话我的股票也不会跌成这样！”或者小赚了一点的散户发出这样的感慨：“当时如果不犹豫的话，现在肯定赚得更多啊！”在股票投资中的优柔寡断或是武断专行确实会让自己损失掉无数的好机会，甚至一次致命的失误还会损失掉我们的全部积蓄。

巴菲特曾经说过：成功的秘诀有三条：第一条，尽量避免风险，保住本金；第二条，尽量避免风险，保住本金；第三条，请牢记第一条和第二条。然而，怎样才能保住本金呢？这就回归到正题上了，我们要设定一条止损线，并严格执行止损动作。

在这里，先普及一下止损线的概念。止损线也叫“割肉”，是指当某一投资出现的亏损达到预定数额时，及时斩仓出局，以避免形成更大的亏损，其目的就在于投资失误时把损失限定在较小的范围内。止损线，是投资者给自己设定的一个可以接受的最低卖出价格。比如，一件商品你花了 100 元购买，你能接受的亏损是 20 元，那么 80 元就是你的止损线。

每一笔交易都要设置一个止损线，因为止损线往往就是你的生命线。在投资领域没有常胜将军，敢玩就要输得起。但为了不让自己输得血本无归，我们就要对自己的承受能力有一个理性的认知。

而不同投资者的风险承受能力是不同的，我们要根据自身的情况来进行止损线的设定。针对不同的客户，提供如下理论值进行参考：保守型客户：5%；稳健型客户：7%；积极型客户：10%。

而我们一旦设置了止损线，就一定要按照其执行，不要因为一时的不舍而因小失大，那样也就失去了止损的意义。永远不要抱着下一秒股票或者基金的价格会上涨这样的念头，上涨固然好，如果继续下跌，就意味着你将失去更多。

请看一组简单的数字：当你的资金从 10 万元亏成了 9 万元，亏损率是 1÷10=10%，你要想从 9 万元恢复到 10 万元需要的盈利率是 1÷9=11.1%。如果你从 10 万元亏成了 7.5 万元，亏损率是 25%，你要想恢复的盈利率将需要 33.3%。如果你从 10 万元亏成了 5 万元，亏损率是 50%，你要想恢复的盈利率将需要 100%。

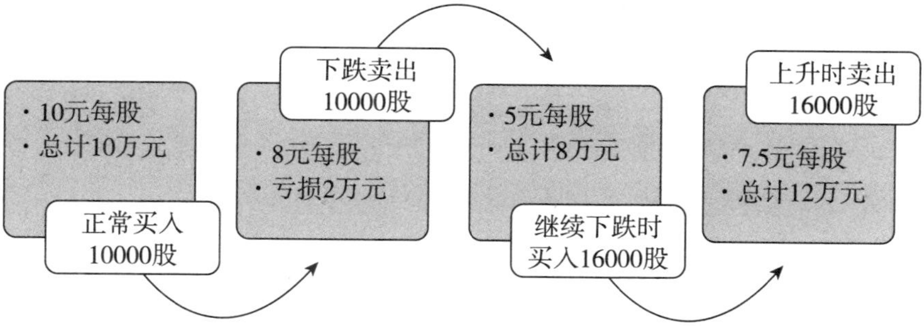

投资市场的割肉投资法

投资市场的魅力就在于它的不确定性，找一只大起大落的股票不难，而要买进一只 100% 上涨的股票则难于登天。这时候，止损线的意义也就格外重大了，至少它能够保住你的本金，给你一个东山再起的机会。俗话说得好，留得青山在，不怕没柴烧。关于期货投资有一个经典的例子：

有一个人，为了诱捕火鸡以玉米粒作为诱饵，设了一个大笼子，笼子上装着能控制大门开合的枢纽。当有足够数量的火鸡跑入笼中，他就将大门关上。这样做有一个弊端，就是会把还在笼子外面的火鸡吓走。

这一天，他见 12 只火鸡钻进了笼子，想再多进去几只再关笼子大门。稍一迟疑，火鸡溜出去了一只。他很后悔，心想要是早点关上笼子大门就好了。于是，他决定再等一下，没准还会有火鸡钻进去的。不一会儿工夫，又有两只火鸡跑了出去。

这时，见笼子里的火鸡越来越少的他又开始有了新的心理活动："我其实应该知足，有 9 只火鸡也不错了，再有一只跑回去我就关门。"就在他伺机而动的时候，又跑出来了 3 只火鸡……最终，他一只火鸡也没得到，落了个两手空空的下场。这就好比一个人投资了期货，眼看着期货的价格越来越低，他却一直希望能恢复到原价。这个故事给我们的教训是，为了不让自己失去更多，忽略掉你损失的，考虑你能接受还剩多少只火鸡。

止损线对于投资领域可以说是意义非凡，而深谙止损重要性的金融大鳄们往往可以躲过一次又一次金融海啸。想要赢钱就要先学会输钱，有时候输钱的学问比赢钱的学问要高深得多。而金融巨头对那些刚刚步入投资行业的人总是会给出一句忠告：警悚者生存。这绝对不是一句空话，巨大的利益和巨大的风险考验的不只是一个人的专业能力，更是处事的心态。

我们还可以用鳄鱼法则来说明止损的重要性，大意为：如果你的脚被一只鳄鱼咬住，而你试图用手去制止鳄鱼，那么很有可能你的手和脚都会被它咬住。而当你的脚被咬住时，最为理智的做法就是牺牲自己的一只脚来保全性命。

将鳄鱼法则延伸至投资领域就是：当你的交易出现背离市场方向的趋势时，你必须立即止损，一刻也不得延误，更不能心存任何侥幸。只有这样，止损线这份投资保险才能发挥自己应有的作用。

要跑过通胀，就要骑在通胀的马背上

诺贝尔奖是每一个从事科研及文学爱好者的梦想。马尔克斯的《百年孤独》让魔幻现实主义这一流派进入了公众的视野当中。在中国，也有一位魔幻现实主义的文学代表——莫言。他的获奖让中国同胞兴奋不已，也刷新了中国文学在诺奖领域的空白。

然而在相同领域里，大家可曾听说过搞笑诺贝尔奖呢？

什么是搞笑诺贝尔奖，其实很简单，顾名思义，就是因为搞笑而获得的奖项。该奖是由科学幽默杂志组举办的，它的特点是有意思，有意义，乍看令人发笑，之后发人深省。

不得不说的是，搞笑诺贝尔奖的评委中，有不少还是诺贝尔奖的真正得主，这多少还是让人觉得有些严肃的。

例如，2009 年的时候津巴布韦国家储备银行行长吉迪恩·戈诺就获得了该奖项。而评委在给他颁奖的时候说的一番话更是让人津津乐道：“他给人们提供了一种简单、日常的方法来处理大范围的数字——从非常小到十分大：他让银行印刷从 1 津分到 100 万亿津元面值的钞票。”

100 万亿津元，到底能买什么呢？按照当时的购买力，这笔钱就相当于 25 元人民币。而用 25 元买一张这么大面值的钞票，让自己瞬间便能成为万亿富豪，相信没有人会拒绝吧。

上述情况是怎么造成的，相信大家会脱口而出：通货膨胀。是的，而且不是一般的通货膨胀，是一场极其严重的通货膨胀，已经超出了可控范围，经济学家称之为“恶性通货膨胀”。简言之，在当时的情况下，所有的经济学家都已经放弃，听之任之了。

当然，津巴布韦绝不是第一个恶性通货膨胀的国家，也不会是最后一个。要搞清楚什么是恶性通货膨胀，就要从以下四个方面入手，进行鉴别。

第一，公众不愿持有现金，宁可把金钱投放在外国货币或非货币资产。

第二，公众利用外国货币，结算本国货币的资产。

第三，信贷是按借款期内的消费力损耗计算，即使该时期不长久。

第四，利率、工资、物价与物价指数挂钩，3 年累积通货膨胀在 100% 以上。

当然，面对通货膨胀是否会转化成恶性通货膨胀这一问题，我们仅能从专业角度进行分析，却无法遏制。因此，如何从通货膨胀中保全自己辛苦的劳动所得，最大限度地减少自己所要承受的损失，是老百姓最为关切的问题。

试想一个问题，如果通货膨胀是一匹马，你要如何做才能与其速度进行抗衡？答案是坐在马背上。的确，只有这样才能与之同步。

说白了，在通货膨胀的情况下，想要让自己的收入水平追上物价的上涨速度是很困难的。难道我们就无计可施了吗？也不尽然，至少我们还可以想一些办法来保护自己的经济利益不受损失或少受损失，其中一个最好的办法就是进行投资。

说到投资，这可是一门大学问。如果通货膨胀尚且处于温和时期，我们还是可以通过购买那些具有优秀保值能力的产品来增加收益，保值增值。黄金，就是其中一个理想的选择。

当然，也有人认为国际金价其实是空投机构套取投资者手中货币的一个圈套，所以金价也会一路下跌。就算这种情况真实存在，只要金价的下跌速度比物价上涨的速度慢，我们还是能够实现保值的。

不过，需要说明的一点是黄金并不是能够领先 CPI 的投资品，它的速度总是落后于 CPI 的。之所以前几年可以在投资黄金上赚到钱，完全是因为美元的贬值。而随着美元贬值趋势的收敛，黄金投资市场就顺理成章地从牛市过渡到了熊市。

不过，我们也可以从中获得启发，美元和黄金是有对冲性质的投资品，同时拥有美元和黄金的话，我们保值的愿望也就达成了。

从长远的角度来看，能够跑赢 CPI 的只有房地产业了。因此，除黄金外，投资房地产也是一个不错的选择。虽然房地产泡沫冲击着经济板块，也透支了太多人们的预期，但它对抵抗通胀还是能起到一定作用的。只是房地产行业眼下正处于调整阶段，房价的上升空间要小于下降空间。所以，此时购房也并非明智之举，还是观望为好。

我国 A 股股票与美国市场总体处于均衡水平，因此投资股票、基金等也有助于抵制通胀。不过，要配置 A 股股票资产，就得精挑细选个股。如果不幸看走眼了，那也就只能自认倒霉，所以，不具备相当的眼力，贸然入市显然也不是一个好的选择。

作为投资者，要认识到时机的重要性。想要通过资产配置的调整来对抗通胀，就最好选在通胀预期刚刚形成，资产泡沫刚形成不久的时间点上。一旦通胀这只靴子已经落地，再想翻盘恐怕就很难了。

在如今这个公认通胀严重的时代，我们很难让手中的货币增值速度超过 CPI 的增长，那就要想办法将自己的资金配置进行优化，最大限度地减少通胀损失，而不是在通胀面前手忙脚乱。要预防当社会资产随着通胀水涨船高的时候，你的资产却遭注水这种情况的发生。

限购令与挡不住的房价

2010 年 4 月 30 日北京出台“限购令”：从 5 月 1 日起，北京家庭只能新购一套商品房，购房人在购买房屋时，还需要如实填写一份家庭成员情况申报表，如被发现提供虚假信息骗购住房的，将不予办理房产证。这也是全国首次针对家庭购房套数提出“限购令”。

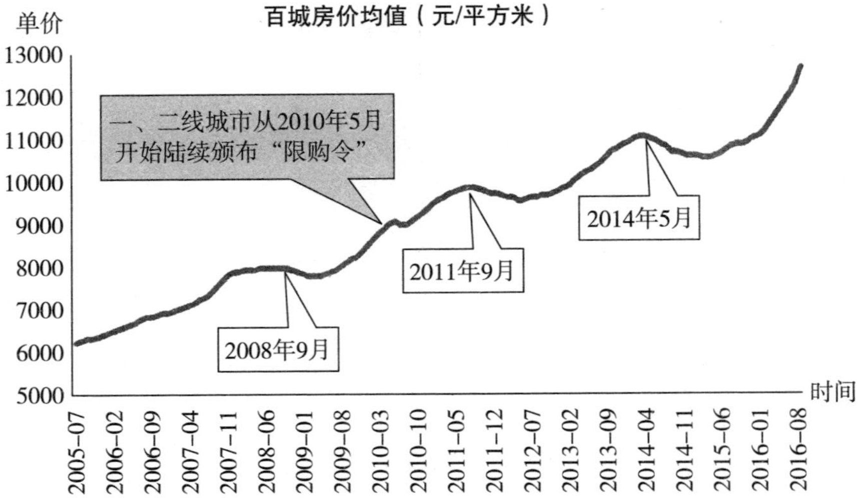

对限购令并不“感冒”的房价涨势

先说说为什么会出台限购令吧。

以下为某网站一条引发人们广泛热议的新闻：南京市于2011年2月开始对楼市进行限购，限购令的出台使得南京市2011年的房地产市场步入低迷，成交量降至2007年以来的最低点，房价也得到了相应的抑制。然而正当人们以为限购令会挡住飙升的房价给火热的房地产市场降降温时，情况却发生了令人意想不到的反转。

从2012年下半年开始，南京房地产市场再次火热起来，不但楼市成交量猛增，房价也停止了下跌的势头，开始扶摇直上，甚至在传统的销售淡季，也能频繁听到楼市涨价的消息。

对此，清华大学教授刘洪玉也明确表示，在政府财力有限的情况下，市场能做好的就要交给市场来做，什么都交给政府是不可能的。

不仅仅是北京一地，在南京、上海等地，情况也十分相似。尽管房价仍旧不断飙升，限购令也并没有抑制住人们的购房热情，它只是房价上升过程中的一个台阶。房价虽然得到了短期的抑制，但过后又以更加迅猛的速度冲了上去。

限购令为什么挡不住如洪水猛兽般不断飙升的房价，为什么被寄予厚望的限购令会以如此戏剧性的结局而告终？想要搞清楚这个问题，就必须要了解限购令出台时的背景。

自 2006 年以来，中国的房价便开始一路飙升，火热的房地产就像拉动经济的一架马车。它在成为中国经济发展的巨大动力的同时，也带来了各种经济和社会问题。国务院先后出台了多项政策措施来抑制房地产经济泡沫，但都收效甚微。

因此，出台限购令其实也是政府的无奈之举。政府企图直接伸手对房地产市场进行管控，而限购令就是其最为强劲有力的一只手。那么，限购令是怎么发挥作用的呢？限购令是以限制购房者购房数量为手段，通过打击投机炒房等扰乱房地产行为，从而达到减少房地产市场过量需求降低房价的目的。

在这里我们可以看到，要想让限购令真正发挥作用，就要得到民众的支持，用自身行动来减少购房数量。但是，显然民众并不买账，限购令出台后反而还成为一部分人的购房动机。

投机是中国房地产市场中存在的一个非常严重的问题，投机者将各个渠道汇集起来的资金投入房地产行业。这部分资金的涌入，一方面起到了抬高房价的作用，另一方面也促使了大量空置房的产生。可以说房地产市场之所以混乱，大部分原因是这些人的存在。因此，要想规范房地产市场的秩序就必须将投机者赶出市场。

按照这个思路来分析，想把投机者赶出市场，将空闲的热钱堵在门口，就必须实行限购令。

然而，很多人却并不看好限购令的作用。这种政府干预的行为显然是不能解决根本问题的，还违背了市场经济中以市场为主导地位的精神，其效果也不容乐观。

华远地产董事长任志强就表示完全不能理解限购令的出台，他在某年的财经年会上还坦言自己一直都没搞懂为什么不能让房价上涨。并且，他还表示，如果让房价就此停涨是不能实现的事情，那么，用一个伪命题对其进行讨论，必然得不到一个结果。

任志强不仅对限购令表现出了极大不满，还将其称为“不得已而为之的最烂政策”，任志强之所以这么说，一定有他的道理。的确，限购令如果控制不好，极有可能会产生一些意想不到的不良后果。

同时，他还提到，房价高的根本原因其实与购买量关系不大，而是土地掌握在政府手里。政府高价卖地的同时，商人为了赚回自己的本钱，也必然会提高房子的价格。

其观点虽然有偏激的地方，但也极为犀利地指出了限购令这一政策的弊端。房价上涨的很大一部分原因是土地价格的上涨，而土地又归政府所有。因此，政府的一系列举动才是导致房价上涨的主因。而中国是人口大国，人口数量之多、增长之快是一个不争的事实。因此，从供求关系的层面来说，房子供不应求也是导致房价上涨的一个重要原因。

百姓没有房子住，即便政府出台再多限购令，限购的也不是首次购房者。正所谓“上有政策，下有对策”，聪明的百姓如果打定主意想买房，就一定会想出各种让人意想不到的方式将房子买到手。

说到这里，我们也不能否认限购令的积极意义。在一定程度上，它的出现还是抑制了过去几年里飞速增长的房价，也使房地产市场步入了调整阶段。但说到底，它终究不是一剂治本之药。2015 年之后，我国 47 个限购城市，已有 42 个城市将其叫停。看来，它的出现并没有在投资回报率最高的房地产行业发挥想象中的作用，这不免让人有些失望。

不过，这也带给了我们一个启示：资本总是流向投资回报率最高的行业，如果想通过政策来影响资本流向，不仅是徒劳无功的，也是违背经济发展规律的。

第十一课

经济学帮你躲避商业陷阱

免费？天下没有免费的午餐

说到免费这个问题，我想请问大家享受过免费的优惠吗？什么是免费，就是不需付出任何形式的代价，无偿提供给你所需要的东西。这里，我们不谈亲情、爱情或者友情，我们只谈商业。话说“天下没有免费的午餐”，说得对吗？

今天我们就针对这个问题来探讨一下。知道什么是免费了，再来解释一下免费的午餐。所谓天下没有免费的午餐，意思是不要总是想着不劳而获，任何事情都是有相应代价的。这句话来源于一个故事。

有一位爱民如子的老国王，在他的英明治理之下，他的国家繁荣富强，百姓安居乐业。在得知自己不久之后将离世的消息后，老国王顾不上心中的悲痛，为国家的前途忧虑了起来。他担心自己去世后，百姓不能过着一如既往的幸福生活。怎么办呢？他决定将国内有勇有谋的人才召集起来，大家协力制定出一个能够确保人民一直快乐生活下去的永世法则。

几个月过去了，经过学者们的探讨和协商，三本厚厚的帛书展现在了国王面前。学者一边将其奉上，一边解释道：“陛下，这三本书中汇集了天下所有的知识。只要人民读完它，就能确保自己的生活高枕无忧了。”国王认为这些书实在是太长了，别说百姓了，连自己都没有耐心读完。于是，他命令学者将三本书简化为一本。

两个月后，学者将三本书合成一本交给国王。国王看了之后，还是不满意，觉得可以继续简化。又过了一个月，学者将书中的内容高度精简成了一句话，国王看了之后很满意，发动全国百姓一起学习。

那么，这句话是什么呢？就是上面所说的，天下没有免费的午餐。其实，免费这事对于很多人来说都是不小的诱惑。生活中，打着免费午餐的旗号招摇过市，蒙骗世人的例子比比皆是，上当受骗者也是层出不穷，且丝毫没有减少的趋势。

在城市老龄化趋势的影响下，老年人的数量在持续增多。针对老年人的心理，骗子为其量身定做了很多新招数。爷爷奶奶逛完早市之后，总能拿回来一大堆免费的赠送品，眼镜啊，“金”链子啊，手表啊，等等。这些赠品往往被贴上了一个又一个天价的标签。善良朴实的老人以为自己真的占了什么大便宜，一开心就上了骗子的当。

说到这儿，没有相应经历的朋友可能不明白了，他们是怎样行骗的呢？明明给的东西都是免费的呀。如果你这样想的话，那就已经上当了。免费发放人员一般都会利用人们的好奇心鼓吹免费赠送的东西如何神奇，继而引发更多群众的围观。说着说着，大家要注意了，他们的重点就转移到所要推销的商品上了。如果他们卖的是药品，就会借机引出该药品的神奇之处。只见销售人员绘声绘色、如数家珍地细数着产品曾治愈过的案例，甚至对癌症也有根治的效果。

听到这里，在场的很多人就按捺不住心中的悸动了，纷纷开始询问价格。销售人员见目的就要达成，目光扫过人群，迅速将有购买意向者划定范围，重点培养。药品的价格往往非常亲民，大家一听，这么好的药，竟然卖这么低的价格，就会纷纷慷慨买单。

如果你得到了价值20元的赠品，却为此付出了400元的代价，那么，你还能说这顿午餐是免费的吗？而且，这类药物往往没有产品批号和安全许可证。换言之，即便这些药吃不死人，也对病症起不到任何治疗作用，还可能因此而耽误患者的最佳就医时间，坑人不浅啊。

说到这里，大家不要再上免费午餐的当了，它就好比精神鸦片，一旦你吸食上瘾，就会完全沦为对方的奴隶，任其摆布了。

免费的午餐不好吃，重则食物中毒危及生命，轻则拉肚子。

一天，李女士和一个朋友去逛街。走着走着突然被视线前方的一个黑色钱包所吸引，只见钱包的拉链敞开着，露出了一张张红色的百元大钞。相信这对于很多人来说都是一个不小的诱惑，可谓是天降之财呀。

朋友心动了，捡过钱包数了数，里面不多不少有5000块。就在她准备把钱包收起来的时候，有两个人不知从哪里蹿了出来。

上来就是一句："我俩可都看见了啊，这钱包可不是你的。这样吧，人多眼杂，你先把它装起来，把你兜里的钱给我们分点吧，多少你看着给就行了。"

朋友一想，反正钱包里有5000块呢，我兜里才几百块，用来堵住他们的嘴巴其实也不吃亏。于是，她不假思索地将兜里的钱都掏给了他们。这两个人走后，朋友打算再查看一下钱包里的钱，却发现了异常，在阳光下，她终于看清，所谓的天降之财，其实是一张张假钞。

如果社会是一片森林，那么，林子大了自然什么鸟都有。有的人偏偏就靠着人们爱占小便宜的心理来生存。说到这里，你也许会问了，不都说存在即为合理吗？既然免费的午餐不合理，它是怎么存在的呢？

要想搞清楚这个问题就必须了解"免费"午餐提供者的心理。他不是慈善家，也自然不是傻子，所谓的免费背后其实是一轮轮利益的交换。他付出的一顿顿免费午餐，自然需要你以早餐和晚餐作为代价来换取。

而免费的形式也是多种多样，经常裹着各种糖衣，让你无法分辨它的本来面目。因此，我们要记住一点，这个世界上根本没有所谓的天上掉馅儿饼的好事，地上有陷阱的事情倒是随处可见。利益，是每个人所追求的，但也不能因为一顿免费的午餐就放弃向前看，只看到眼下的一点点好处。这样，只能既损失了自己的利益，又给骗子带去了成就感和不菲的收入，除此之外再无任何意义。

迷惑人心的促销手段

选择障碍症在我们周边很多人身上都有体现，这其实不是一种病，而是一种心态。选了 A 就会觉得 B 也不错，再看看 C，马上把 A、B 也推翻了。而商家，则终生致力于治疗这种“病症”，凭借的正是他们高超的促销手段。

关于促销，在经济学上是有严格定义的。促销是指企业利用各种有效的方法和手段，使消费者了解和注意企业的产品、激发消费者的购买欲望，并促使其实现最终的购买行为。简言之，促销其实就是卖家为了卖出自己的产品不断使出的新花样。

对制造商而言，其促销的对象有三个：批发商、零售商、消费者；对批发商而言，其促销的对象有两个：零售商、消费者；对零售商而言，其促销的对象只有一个：消费者。由此可以看到，不同的市场主体，有着一个共同的促销目标，即消费者。

在商品经济的大环境下，行业竞争日益激烈，促销行为无处不在。逛个超市，看到上面的打折标签，尤其还写着“限时优惠”，相信这对于大多数人来说都是个不小的诱惑。

一个小小的打折标签背后，其实套路很深，它是打折式优惠和限时式优惠手段的双重叠加。在这种双管齐下的方式推动下，商家获取了利益，消费者也很是受用。

逛完了打折促销区，手拿托盘的超市销售人员即映入眼帘，托盘上整齐地摆放着免费试吃的新产品。这时候，不少人看到是免费的，就按捺不住好奇心，想去尝试一番了。

当你萌生出这种想法的时候，商家的目的就已经达成一半了。试吃过后抬起头，你会看到销售人员真诚的眼神，然后从字里行间捕捉到他殷切的期盼。“吃人嘴短”这句谚语看来是真的，就算味道不尽如人意，你也没有更好的理由拒绝。于是，销售人员很快就将一整包新的商品，装入了你的购物车。

这种免费品尝式促销，表面上看，是商家吃了亏，实际上却为商家省去了一笔不小的宣传成本。买家通过试用，产生对商品的信赖，将好评反馈给周围有需要的人，从而形成口碑效应。当然，前提是商家要有过硬的产品，要经得起群众的检验，不然有可能适得其反。

准备走出超市的你，经过酸奶区的时候又看到了买一送一的横幅，知道活动所剩商品已为数不多，索性将其全部收编。眼看购物车已经快满了，你方才想起，起初其实只是想买一块香皂。

不得不说，这种赠送式促销确实诱人，用平时一件商品的价格购买两件或者多件商品，既透支了你的需要，也大大提升了该品牌的竞争力。买一赠一和一件五折，对消费者来说其实没有太大差别，对于商家来说，前者无疑更有助于清除库存。这种隐秘的捆绑式销售，不仅不会让人反感，相反，还会增加消费者对该品牌的好感度。

一个成功的商家，往往深谙心理学之道，懂得换位思考，深切地了解消费者的痒点与痛点。

小米手机作为国产的良心机，其销售方式别具一格。雷军作为小米科技的CEO，先是通过各种途径大肆对其进行宣传，给公众营造出了一种“只闻其声，未见其形”的效果。紧接着，又在苹果的营销策略上加以创新，搞起了线上限量发售。当然，这期间少不了“黄牛”和“托儿”的推波助澜。

就这样，小米手机在不到半个小时的时间内创造了销售 20 万台的纪录，这也再一次印证了饥饿营销的威力。

消费者都有一种好奇和逆反心理，越是得不到的东西越想得到，于是企业通过实施这种欲擒故纵的策略，强化了消费者的购买欲望，从而引发了这一供不应求的假象。

简单来说，廉价并不是一种常用常新的促销手段，消费者的痒点总在变化；欲擒故纵也不会让所有人为之买单，消费者早已屡见不鲜。LV 的天价是出了名的，在它的柜台外面，总有彻夜排队，只为第一时间买到最新款式包包的忠粉。饥饿营销虽好，但跟风的后生却也死伤无数。

在“你方唱罢我登场”的经济领域中，真正的高手总是无招胜有招。棋高一着的对手，总是比比皆是，然而能破珍珑棋局的高手，却为世所罕有。

回归到正题，到底哪种促销手段最为有效，其实见仁见智。然而，在成功的交易行为背后，总掩藏着一个共同的真相：一个以服务为出发点的商家，一个总是站在对方角度考虑的销售人员，似乎总是更受欢迎。

好的促销手段并不是成功地卖出一件件商品，而是让商家接受该商品背后的企业文化，最终由理解上升为信仰。

销售一时，只需单赢；销售一生，必须双赢。这句话看似通俗易懂，背后掩藏的真理却不容小觑。

为什么越贵越热销

你买过最贵的东西是什么？或者说你认为什么是贵的？一件价值数万元的貂皮大衣有一天突然标价为2000元，你觉得贵吗？一个成本几毛钱的笔记本，标价300元，你觉得贵吗？什么是贵，就是价格远高于价值，这部分商品比比皆是。谈到理论，大家可能都会头脑清醒，如果将其兑换成一个个让你欣喜若狂的商品，你还会如此冷静吗？

即便你觉得自己是冷静的，每个人都是吗？不然，奢侈品为什么在我国这么畅销，还专门做起了国人定制，其价格美丽得简直让人睁不开眼，更让人不忍直视的是它门庭若市的现象。

看过经典电影《大腕》之后，有一段台词让我记忆犹新："一定得选最好的黄金地段，雇法国设计师，建就得建最高档次的公寓，电梯直接入户，户型最小也得400平方米，什么宽带、光缆、卫星，能给他接的全给他接上。楼上边有花园，楼里边有游泳池，楼子里站一个英国管家，戴假发特绅士的那种，业主一进门，甭管有事没事都得跟人家说：'May I help you，sir？'

一口地道的英国伦敦腔，倍儿有面子！社区里再建一所贵族学校，教材用哈佛的，一年光学费就得几万美元，再建一所美国诊所，24小时候诊，就是一个字'贵'！看感冒就得花个万八千的，周围的邻居不是开宝马就是开奔驰，你要开一日本车啊，都不好意思跟人家打招呼，你说这样的公寓，一平方米你得卖多少钱？我觉得怎么着也得2000美元吧？2000美元，那是成本。4000美元起，你别嫌贵，还不打折，你得研究业主的购物心理，愿意掏2000美元买房的业主，根本不在乎再多掏2000美元。什么叫成功人士，你知道吗？成功人士就是买什么东西都买最贵的，不买最好的。所以，我们做房地产的口号就是：‘不求最好，但求最贵！’”

看到这段台词之后，你的第一反应是什么？其实，买贵心理人皆有之，只不过在收入两极分化严重的当下，不同阶层代表着不同的购买力。而奢侈品的大门，显然是针对中上层阶级的人群敞开的。

什么是奢侈品，它其实和生活必需品是相对的。它被认为是一种超出人们生存与发展需求范围的，具有独特、稀缺、珍奇等特点的消费品。说到它的定义，人们会说，“珍奇、稀有”说的不是字画等不可复制的艺术品吗？

其实，它和字画还是有一些共同点的。名人字画和奢侈品虽然同属于商品范畴，但却不受供求关系的影响。二者往往价格大于价值，并且还有一大批人心甘情愿为其买单。对于很多人来说，奢侈品就像一个不可能实现却忍不住要去做的梦，因为遥远，所有人们对其心怀憧憬。如魏布伦认为，漂亮而不贵的东西就不能算是漂亮。

那么，大家知道的奢侈品牌有哪些呢？GUCCI、LV、迪奥自不必说。据世界品牌实验室编制的《2005年世界顶级奢侈品100品牌排行榜》中统计，宾利轿车荣登排行榜第一名，伯瓷酒店第二名，劳力士表排名第三。前十名还涵盖了时装、珠宝、化妆品等领域的顶级品牌。

那么，我们不禁要问了，既然奢侈品的价值小于价格，我们买它来做什么呢？仅仅是满足虚荣心吗？根据世界奢侈品协会调查，

70% 的中国奢侈品消费者认为奢侈品是用来社交的重要符号。而那些注重奢侈品品牌文化、人性化设计，让品牌为其所用的消费者仅占极少数。可以说，购买奢侈品是一种炫耀性消费。

世界奢侈品协会中国首席代表欧阳坤认为，奢侈品消费成长在于三个主要阶段：1. 追求财富地位阶段；2. 追求地位区别阶段；3. 追求文化区别阶段。迅速崛起的奢侈品消费市场，也在向我们昭示着这样一个真理：这批消费人群还需要不断提高个人的文化层次。

梦中情人就像高挂于天边的皎洁明月。有了他们，我们赏心悦目；没有他们，生活还是可以继续。经济学中需求的定义为：有能力购买并且愿意购买的某种产品的数量。显然，奢侈品就好比那一轮明月，它代表的不是人们真实的需求，而是一种“只买最贵，不买最好”的梦想。

效用指的是衡量消费者从一组商品和服务之中获得的幸福或者满足的尺度，在经济学中，这一概念很宽泛。而奢侈品也是精神效用远高于价值效用的体现。奢侈品的价值效用指的则是依附于奢侈品实物之上的附加价值。这些附加价值往往要远高于商品内在的实用价值。一块几十万元的名表其计时功能和几块钱的电子表其实并无二致，为什么人们还会为其买单呢？显然，它的奢华高贵，更能体现主人尊贵的地位，从而满足其心理需求。

奢侈品是财富和地位的象征，与之有关的一切配套服务都是高级的。它和我们所能在市面上找到的大众化产品不同，它往往追求的是个性化和定制服务。另外，奢侈品牌往往只服务于某一款或某一类产品，具有大众化产品所没有的专一性，也给人一种距离感。

距离感是维护客户优越感的前提，它是亲君的，不是亲民的。因此一个奢侈品牌历经岁月的沉淀、磨炼和熏陶，渐渐地成为高贵、优雅和成功的象征，也就成为芸芸众生倾其所有也要追到的“梦中情人”。

打折真的便宜了吗

商场中总是打出各种促销的标签，为什么这么做呢？一件商品正价出售不是利润更大吗？打折的背后到底暗藏着什么玄机？想搞清楚这个问题，大家要先知道什么是打折促销。简单地说，促销就是指营销者向消费者传递有关本企业及产品的各种信息，说服或吸引消费者购买其产品，以达到扩大销售的营销活动。

所以说，商家的目的是销售商品，清除库存，凭借的正是打折促销的手段。打折促销是手段，让顾客买到实惠绝不是他们追求的终极目标。

既然商家和消费者各自的目的不同，那么，在这种情况下，打折促销真的便宜了吗？

众所周知的双 11 购物狂欢节，就是一场打折促销活动。为了给当天的热闹场面埋下伏笔，商家往往提前好久就开始宣传该活动及优惠力度了。促销的确会带给我们实惠，但在天降的便宜背后，我们买到的往往不是真正的实惠，而是一发发糖衣炮弹。

笔者路过一家鞋店，隔着很远的距离就可以看到橱窗外面张贴着的黄色打折海报，一个个“血淋淋”的醒目大字让人不禁毛孔倒竖。由于每天上班都要路过那里，所以也就赶上了为期六天的促销活动。

第一天的时候，鞋店的促销标语还是很隐晦的，只写了“清

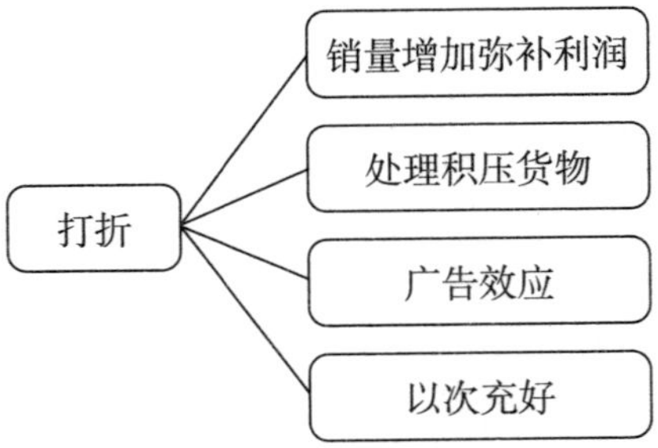

打折的真相

仓大处理”几个字；第二天的时候，语气明显加重：忍痛割爱，买了就是赚了；第三天，干脆换上了“本人已跳楼，心在滴血”；第四天，直接写着“生命倒计时”；第五天：最后的吻别，大家珍重再见；本以为，促销活动随着店主的“跳楼”就要终结，没想到，第六天的海报又换成了：为酬谢广大顾客，现开启为期六天的新一轮促销。

看到这里，大家有没有觉得这个场景很熟悉？前几天去市场买菜，见商贩租用的房屋外围都被写上了大大的“拆”字，心想这市场很快就要被夷为平地了。随之而来的是各商家张贴出的最后几天赔本甩卖的活动海报。开始的几天，全家人一起出动，将需要的不需要的统统搬回家。过了几天，我们都察觉到了异常：倒计时之后还有无穷无尽的倒计时。还有不少新加入的商家，也搞起了限时大甩卖。也就是在此时，笔者才深觉自己已经上当了。

面对打折促销的甜蜜陷阱，我们要先让自己变得理智，不要一看到“跳楼价”“血本无归”“倒闭了”这种字眼就迈不动步，以为人家惨到不得不亏本卖掉所有存货的地步。其实，这只是商家的惯用促销手段。了解了这些之后，再路过这些陷阱时，就会闲庭信步地经过了。

道高一尺，魔高一丈，聪明的商家绝不会固守一种促销手段的。鱼变得聪明后，诱饵也会随之升级。在这里，再给大家介绍几个促销陷阱。

陷阱一：先提价，再降价。这个伎俩是促销活动中最常出现的。在降价之前先提价，提价的幅度要远高于降价的幅度。消费者看看原价，再看看折扣价，以为自己占了多大便宜，便兴冲冲地掏出钱，唯恐多迟疑一秒宝贝就归别人了。据了解，商家处于销售淡季的时候，往往折后价才是该商品平时真正的零售价。

陷阱二：最低折扣，暗藏玄机。逛商场的时候，我们总能看到商家贴出的海报：历史最低折扣。你稍有疑虑，商家就会信誓旦旦地解释说：这绝对是我们从开业以来所给过的最低折扣，而且类似的活动以后也不会再有。因此，走过路过的你，自然不会错过，只得乖乖地交钱买单。

陷阱三：差价返还，条件苛刻。很多商场都打出了“同类商品价格最低，买贵了退差价”这类口号标语。大家如果以为他们既然都这么说了就绝对会保证最低的价格，那就错了。或者，某一天，我们拿着一件在那里买贵了的衣服去找到商家要求退还差价，你会发现商家拒不赔付的理由简直是信手拈来。要么材质和尺寸与商场卖的不一样，要么细节有差异，总之，道理都在他们口中，最终解释权归商场所有。

此外，还有团购陷阱、秒杀陷阱等，个个都是美貌不可挡，很容易让人就此沦陷。

很多促销活动往往都是利用消费者的贪婪心理来做文章的，因此，也就带有一定的欺骗性。这期间，当然也不乏一些良心商家，是真的准备关门歇业的甩卖行为存在。但需要我们擦亮双眼去甄别，为自己带来实实在在的实惠，而不是掉进陷阱里还帮别人数钱。

“一加一大于二”的捆绑销售

捆绑销售越来越多地被用于日常促销活动当中。想买条裤子，为了享受优惠就要顺便再买件上衣；买了某品牌的手机，加多少钱就可以换购到其他品牌的蓝牙耳机；去商场买个杯子，可能还顺便赠送个指甲刀。

上面的案例，说的就是捆绑销售，它的作用越来越受到商家的重视。不过，我们还是要先了解一下它的概念。捆绑销售是指两个或两个以上的品牌或公司在促销过程中进行合作，从而扩大其影响力的行为。

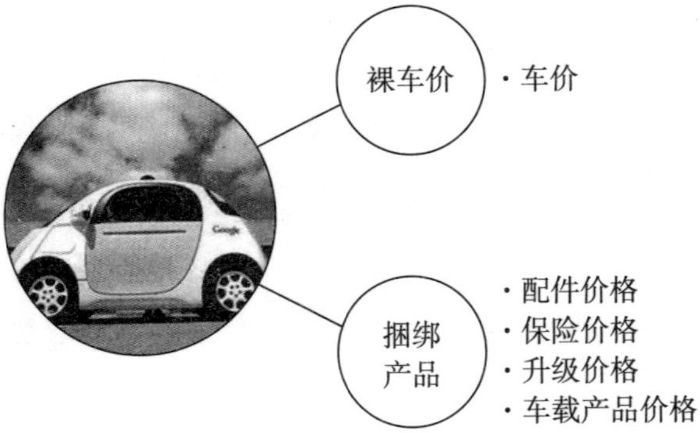

一辆车的捆绑支出

捆绑销售的形式多种多样，买一赠一是其中比较常见的方式；还有统一价销售，即甲乙商品不单独标价，而是放在同一个包装里出售。比如，你在购买手机时赠送的按摩器；在购买微波炉时赠送的炒菜锅、热水壶；购买剃须刀时赠送的打蛋器等都属于比较典型的捆绑销售。

某酒业公司为了进一步拓展市场，在策划公司的帮助下，搞起了“喝某品牌酒，送拓展训练”的促销活动。该公司将这种野外生存体验训练称为“酒业公司心灵之旅”。

就这样，在众多消费者中选出的首批“心灵之旅”的十余名幸运者，踏上了心灵之旅。这些幸运者乘坐着豪华大巴，过路者无不好奇到底发生了什么大好事。

之后，公司还开展了“喝某品牌酒，香港游”的促销活动。并于2006年端午节来临之际，该企业与某食品生产企业紧密配合，策划了一起捆绑销售的共赢故事。

“某品牌酒好，某品牌粽香”的广告首先出现在街头以及市区众多公交车身上，紧接着某酒业公司又打出了“买某品牌酒，送某品牌香粽”的系列广告。这些广告语给消费者留下了很深刻的印象，酒和粽子都是过节送礼必备的佳品，所以其销量自不必说。

尝到喝某品牌美酒，吃某品牌香粽甜头的广大消费者，此后开始积极地购买某品牌酒。为了答谢消费者，某酒业公司还将捆绑销售的比例扩大，作为对广告消费者的深情回报。

买一件A品牌酒，送一盒某品牌A类月饼；买两件B品牌酒，送一盒某品牌B类月饼；买三件C品牌酒，送一盒某品牌C类月饼。

为了鼓励经销商，某酒业公司还根据各公司销售业绩的不同，制定了严格的奖励政策，其奖品之丰富，让人心动不已。

为什么捆绑销售能够成为众多促销方法中的一枝独秀而存在呢？其奥秘无非在于它让公众得到了真正的实惠。公众通过被捆绑销售损失掉的是选择其他商品的机会，却得到了优惠的价格。况且，消费者也并没有购买哪一个品牌的打算，多一种尝试也未尝不可。

上面的案例无疑是捆绑销售中比较成功的一个。捆绑销售作为一种有效的营销策略，用好了其实对商家是非常有帮助的。它不仅实现了商家的盈利，也让消费者得到了实惠，实则是一种双赢。

不过，我们在这里也要注意到一点。捆绑销售的产品是热销品还是滞销品，我们要有所区分。并不是说捆绑销售对我们就一定是有利的，如果商家靠它来清理那些没人要的多年存货，其结果就适得其反了。

食盐为什么不打折

看到打折促销时，你的感觉是什么？尤其是走进一家商场，随处可见各种打折标语，还有令你心痒痒的史上最低价。最容易让人心潮荡漾的无疑是服饰、包包、鞋帽等商品的促销活动。这些五花八门、别出心裁的活动刺激着你的眼球，挑战着你的味蕾，更考验着你的定力。不管是不是当下立即需要的，看到这些充满“诚意”的活动，大多数人的反应就是先买了再说，不管三七二十一，反正早晚有一天会用到。

今天我们要说的却不是打折现象。生活中，总有这样的怪事：一些商品可以以跳楼价售卖，商家赔钱的同时还要赔笑；而一些商品我们却从未看到它打折的标语，却依旧在其门前看到络绎不绝的买家。

为何后者如此傲娇呢？两者的区别是什么？打折的商品往往非

生活必需品，我们可买可不买，可要可不要，对我们的生活不会产生根本性的影响。而另一类从不打折的商品，一般为生活必需品，无论它涨到什么地步，我们都是非买不可的。因此，对于这部分商品，它不涨价已属万幸，有谁会指望着它降价，或者不降价就不买呢。

这样的商品有很多，今天我们就来说说食盐。众所周知，食盐是饭桌上的必需品。提到必需品，就不得不提到国家垄断这回事，毕竟这是导致食盐价格居高不下的一个重要原因。

国家垄断是指政府运用政权的力量，通过国营经济组织对某些重要产业部门或产品的生产及市场实行一定程度的独占或统管，其目的在于发展重要的、有关国计民生的产业，稳定社会经济生活，其手段是合法的，其存在也是必要和合理的。

而国家之所以对食盐价格进行垄断，有几个重要原因：盐是生活必需品；只有沿海才生产；内陆需要盐，运输路途远，商家可以通过运输来牟取暴利。

在之前我们提到的衣服、鞋子、包包这些都是我们日常所需，但其更新换代的周期非常短，推陈出新是常有之事，所以存在过时过季的风险。而我们对于这些商品的需求并不是刚性的，存在一定的柔性。你看住在深山老林里的那些人，他们身穿兽皮和树叶制作的衣服，根本不用化妆品，也照样可以活得很自在。但连续一周不给他们吃的，他们也会被饿死。所以说，吃喝对于他们来说才是刚需，其他方面的需求都是其次的。

因此，商场里的那些打折促销品，无论如何设计、降价、摆放都不会动摇国家的根本，不会影响到人们的日常生活，更不会威胁到国家的安定和统一。

说到这里，我们就知道了，我们对于食盐的需求改变率即需求弹性非常小，这也是导致食盐价格稳固不变的另一个重要原因。需求的价格弹性表示在一定时期内一种商品的需求量变动对于该商品的价格变动的反应程度；需求的交叉弹性表示一种商品的需求对另一种商品价格变动的反应程度或敏感程度；需求的收入弹性表示一种商品的需求对消费者收入变动的反应程度或敏感程度。

每个人都要吃盐，食盐是最不可缺少的调味品。时常听老一辈人说，我这辈子吃的盐，比你吃的米还多。别以为这是一句玩笑话，这反映出的是食盐在人们心中不可撼动的调味品之王的地位。服装、包包、手机都有那么多品牌可供我们选择，如果我们不吃盐的话有什么更好的替代品吗？显然没有。因此，即便同类商品的需求早已发生天翻地覆的变化，食盐的需求量变化也还是非常有限的。

虽然我们都要吃盐，但是我们对它的需求量并不是很大。前面说了，它只是一剂调味品，每次放一勺就已经足够了，一包盐够我们吃好久。所以，买盐的这部分支出在我们生活总支出中所占的比例是非常小的，没人会计较买盐的那几块钱。随着我们工资水平的提高，听说过拿钱买肉改善生活的，也听说过买衣服来提升品位的，但还真没听过谁要在自己家堆上几袋咸盐的。

而且，从我们自身出发，我们对于食盐就是简单地按需购买，并不会因为食盐的价格上涨就放弃购买，也不会因为食盐的价格下降就对其进行大量储备。

然而，我们对于服装的需求就远不止于此了。什么样的经济条件下，就会衍生出什么样的物质需求，经济基础决定上层建筑。我们对于服饰、鞋包和手机这些生活品的需求弹性是非常大的，它们都有很多的替代品，我们可以根据自己的经济条件来选购，无论低调奢华还是简单朴素都不会对我们的生活有太大的影响。所以，这部分商品的需求量往往受价格因素的影响非常大。商家也经常会通过一些打折促销活动来促进商品的销量，而且这一方法也是屡试不爽的。

最后一个重要的原因，食盐的价格本就十分低廉，不需要通过打折的手段来增加销量。因此，这种能够满足所有消费者需求的商品，也就没有打折的必要了。

为什么食盐不打折？因为食盐没有打折的必要，它的价格不会影响人们的生活，不会增加或者减少它的需求量，也不会让国家因此获得更高的收益。

穷人有穷人的活法，富人有富人的过法，但对于穷人和富人来说，在吃盐这一问题上，并不会产生差别。人人都需要盐，人人也都吃得起盐，所以食盐也就不需要通过价格的调整去讨好谁了。

第十二课

经济学帮你看清真相

为什么说储蓄是最差的投资

年龄大些的人都把储蓄作为投资的一种主要方式，跟股票、基金爱好者相似的是，每当工资一发下来，他们总会拿出一部分生活所需，其余全部虔诚地存入银行。爷爷奶奶、爸爸妈妈那一辈人都是这么做的，所以到了我们这辈人也就觉得这种理财方式是最稳妥的。但随着银行存款利率的下调，大家开始质疑此前的这种做法了。储蓄是最差的投资，这种说法是正确的吗？

大家可以试想一下，20 年前，你有一万块钱，那时的你可是不折不扣的万元户，走到哪儿都要被人们竖大拇指的。这笔钱多年间你既没有用于投资，也没有用于消费，而是一直存在银行。

20 年过去了，你想起来银行里你有一笔钱。待取出的时候，你发现，这一万块钱在数年之间只涨了几千块利息。20 年前的一万块钱和如今的一万块钱区别到底有多大，相信大家都有感触吧，如今物价的高涨大家也是有目共睹。看到这里，认为储蓄是最坏的投资，还会有人提出反对意见吗？

物价上涨，随之而来的是钱越来越不值钱。百姓存在银行的那些辛苦钱，也将随时面临着缩水的后果。大家听说过经济学领域的负利率概念吗？用这个词来解释人民币缩水的现象再合适不过了。什么是负利率呢？就是指通货膨胀率高过银行存款利率。在负利率大行其道的情况下，把钱放在银行里，就好比把羊毛放在水里，不缩才怪。

现在给大家算一笔账：2011 的 3 个月定期存款率是 2.85%，2011 年 4 月 CPI 为 5.4%。假设你在 2011 年年初存入 1 万元的 3 个月定期，存款到期后，你获得：银行利息 =10000 × 2.85%=285/4=71；通货膨胀率 =10000 × 5.4%=540/4=135。71-135=-64，值为负值，即为负利率。

什么意思呢？就是说你把这一万块钱放到银行三个月，看上去增加了 71 元，但如果把通货膨胀的因素考虑进来，那么，这笔钱实际上是减少了 64 元。这样算下来，你的钱放在银行里，不仅没得到利息，反而还亏本了。

这件事情简直越想越恐怖，辛辛苦苦攒了一辈子的钱都存在银行了，多年后取出，却发现这些钱连自己一个月的花销都不够。让人心寒的同时，我们也要痛定思痛寻找解决的办法，不然真就成了刀俎上的鱼肉，只能任人宰割了。

除非你有足够好的心态，认为房价上涨是为了让我们好好工作，油价上涨是为了让我们好好节约，肉价上涨是为了让我们好好减肥，蔬菜价上涨是为了让我们低碳生活，墓地价上涨是为了让我们好好活着，工资不涨是为了让我们努力奋斗。

靠着自我催眠与调侃是解决不了任何问题的。现在的问题其实很简单，熟知经济学理论的话就迎刃而解了。

读到这里，恐怕很多人忍不住要问了：不存钱的话我们能做什么？拿去投资吗？哪些投资靠谱呢？

要解决这一问题，先要搞清楚，我们到底还要不要存钱。多年前的关于中国老太和美国老太的对话一直深入人心，发人深省。美国老太贷款买了套房，30年后不仅还完了所有贷款，房子还涨了价。中国老太呢，攒了一辈子钱，却依然没追上房价上涨的脚步，最后还是买不起房。为什么中美两国人民的观念差别这么大呢？如果到老都住不上一套属于自己的房子，那么，我们存钱还有什么用？

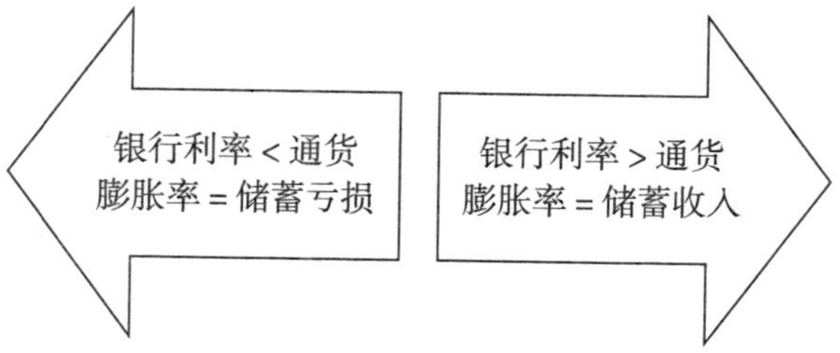

储蓄与通货膨胀紧密相连

为了近一步吸储，各大银行不断上调存款利率。通过这种做法，国家希望达到控制消费，抑制物价上涨的目的，属于紧缩的货币政策。那么，回归到正题，我们到底要不要存钱呢？其实适当的存款还是很有必要的，但不要把钱都存在银行。

那么，不存钱我们能干什么呢？说到最好的理财方式，专家的回答惊人一致：投资。什么是投资？所谓投资指的是用某种有价值的资产，其中包括资金、人力、知识产权等投入某个企业、项目或经济活动，以获取经济回报的商业行为或过程。投资方式分为三种，即实物投资、资本投资和证券投资。

到底该选择哪种投资方式呢？我们首先要搞清楚这三种方式的实质。前两者是以货币投入企业，通过生产经营活动取得一定的利润；后者是以货币购买企业发行的股票和公司债券，间接参与企业的利润分配。

崇拜巴菲特的人不在少数，但有这么一个人，想要复制巴菲特的成功，于是三年前就开始模仿他。巴菲特喜欢喝百事可乐，于是，他便一日三餐都喝可乐。他还模仿巴菲特过简单的生活，也坚持阅读《金融时报》，选股票注重基本面，重仓长期持有。

很多人都好奇，这个人最后怎么样了，到底成为下一个巴菲特了没有？只见他悻悻地说道："现在，我除了投资亏损了一半外，其他都跟巴菲特别无二致了。"

笔者认为，巴菲特之所以能成为股神，并不仅仅因为他特殊的生活习惯，而是理财的高超技巧和超前意识。世界上只有一位巴菲特，如果人人都是巴菲特，那么，他所缔造的神话也就不会发生了。

关于投资，我们要找到适合自己的方式。买股票、债券，必须要在大行情良好的情况下才能进行，还要在专业人士的指导下，不可贸然行事。做点小生意，对于老百姓来说是比较靠谱的，不仅可以培养商业才能，还能有一笔工资以外的收入。不过，既然是投资就都是有风险的，不要盲目，投资之前要先做好市场调研。

劣币驱逐良币的现实意义

要想搞清楚劣币驱逐良币的现实意义，就要先搞明白什么是劣币，什么是良币。劣币是指价值不同的金属货币被赋予同等的偿付能力时，实际价值较低的货币必然会取代价值较高的货币成为主要的流通货币，而良币则是指实际价格较高的那部分货币。

劣币驱逐良币定律，又称“格雷欣法则”，在经济学上的定义是：当一个国家同时流通两种实际价值不同而法定比价不变的货币时，实际价值高的货币（良币）必然要被熔化、收藏或因输出而退出流通领域，而实际价值低的货币（劣币）反而充斥市场。

这个概念是英国女王伊丽莎白一世的顾问托马斯·格雷欣爵士提出来的。那么，它的现实意义是什么呢？

每一个正值花季，肤白貌美的姑娘都不乏一大票追求者。这些追求者个个怀有十八般武艺，为了讲清楚这个问题，我们给四位追求者进行编号。一号追求者又帅又有才，是男神级别的；二号追求者的竞争力在于非常有钱；三号追求者条件平平，跟前两位相比实在没什么可圈可点之处；四号追求者的条件比三号还差，是四个人里最差的一个。

他们四个人平日里非常仰慕女主角，纷纷发起猛烈的追求攻势。在这里可以换位思考一下，如果你是女主角，你该如何选择？如果让你给这四个人排序的话，你会怎么排？

大多数人会将一号、二号追求者置于相同的位置上，三号其次，四号排在最后。当然，也有不注重钱财或外表的，那部分先不做探讨。

公主最后都嫁给了王子，那是在童话里。现实的版本是什么呢？是公主傲娇且矜持惯了，常常做出和内心想法不相符的行为来。而一号、二号追求者呢，他们的身边也不乏追求者，一来二去，两人觉得没意思，也就在态度上变得冷淡了。当然，这两个人本就是人中龙凤，自然不会在一棵树上吊死，他们的选择还有很多，所以也就不会把精力都用在追求女主这件事情上，显得过于自我。

三号追求者呢，虽然各方面平平，但也不至于自卑，即便追求女主，也是得过且过，不是十分上心。四号追求者就不同了，他深知自身条件有限制，没有广泛撒网的资本。在这种情况下，他只有集中火力猛攻，使出自己的看家本领了。

可能故事发展到这里，一号和二号早已因为耐心用尽而闪人了；三号也觉得没有希望，换了其他目标；只有四号，在没有别的选择的情况下，默默坚持了数年。女主年华逝去，美丽的外表也沾染了岁月的沧桑。在别无选择的情况下，唯有从了四号追求者。

这个故事听上去陌生吗？其实一点也不，这样的例子在生活中确有发生。这个故事如果放在经济学领域，就是劣币驱逐良币。

不过，这个故事还有另外一种解释。为什么女主角最后会选择四号追求者，相信很大一部分原因是她并不知道四号追求者是“劣币”。这也就为劣币驱逐良币提供了一个前提：信息不对称。

汉灭了秦之后，开始的时候沿袭着秦朝的制度，“半两”钱为八铢。不久之后认为这种钱太重了，又铸造了“荚”钱。“荚”钱在重量上虽然轻了许多，但仍被叫作“半两”钱。用了一段时间后，人们因为它过于轻了，又极度不踏实。没办法，最后只好又重新启用了八铢钱。

这个故事讲的是什么意思呢？和前面例子不同的是，这说明的是良币驱逐劣币的道理。虽然表面上都号称半两钱，但荚钱和八铢钱则分别为劣币和良币的代言人。但在“民必信其重者，而疑其轻者；信其铸造精良者，而疑其铸造粗恶者”的情况下，劣币是很难流通的。久而久之，代替劣币在市场上流通的还是良币。

因此，在信息对称的情况下，劣币驱逐良币的情况是不可能发生的。短期内，劣币利用信息的不对称性驱逐了良币，但从长远的角度来分析，劣币最终还是要让位于良币。良币作为流通的货币才是一种常态。

因此，要解决劣币驱逐良币的问题，就要先解决信息的不对称性，切勿让心怀不轨之人钻了空子。

减税反而增加财政收入的拉弗经济学

众所周知，税收是政府调节经济的一种重要手段。通过税收，政府能够控制社会经济，保证基础设施建设能够顺利进行。任何国家的政府对于税收都是十分重视的。既然税收这么重要，那么我们可以通过增加税收来增加国家调控资金，从而更好地推动经济建设吗？答案是否定的，而且与之相反，适当减税反而对增加财政收入有利。

魏杰认为，通过“减税”等举措藏富于民，并进而实现经济结构转型的战略目标，已经成为民众的期盼和各界的共识。

大家先做道题：一个所有经济体的产值是 100 万元，收取 10%

的税是 10 万元，收取 20% 的税是 20 万元，那么收取 100% 的税是多少呢？

相信不少朋友在听完这道题之后，脑海中立即出现了相应的算法，100% 的税自然是 100 万元。然而事实真的如此吗？经济学家却给出了一个让我们所有人瞠目结舌的答案：100 万元的 100% 并不是 100 万元，而是零。

说到这儿，我们要先了解一个经常涉及的名词拉弗经济学的有关概念：政府必须保持适当的税率，才能保证较好的财政收入。因为只有税率正常，才能够保证政府的收入稳定在一个水平线上，如果为了增加收入而将税率提升到 100%，那么货币经济中的全部生产都停止了，因为人们看到自己所有劳动成果都被政府征收了，那么他们自然也就不愿意再继续工作，因此生产便中断了，社会也就没有什么可供征收的税了，100% 的税率再乘以零，那么政府的收入自然也是零。

这个概念的提出者是拉弗，作为美国著名的经济学家，他的观点可以说是具有划时代历史意义的，他改变了世界。

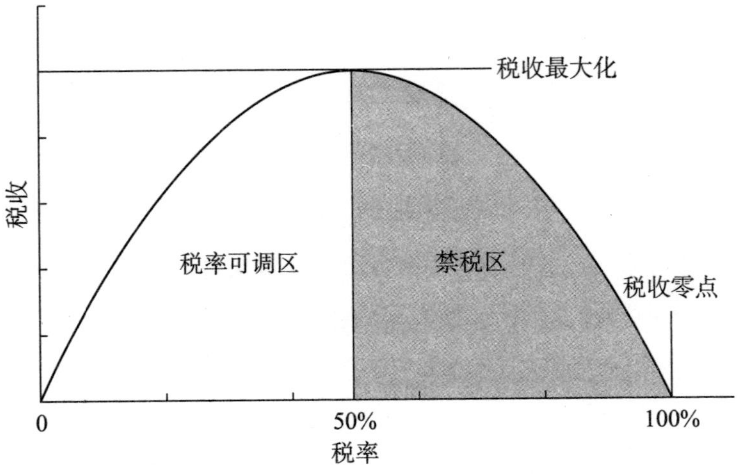

简单的拉弗曲线

魏杰是清华大学的著名经济学家，他的看法与拉弗如出一辙。他认为减税虽在表面减少了税收，却在一定程度上促进了经济的发展。他也在不同场合不止一次地呼吁过减税，并认为高税收就像是竭泽而渔，是非常不可取的。

回归到拉弗曲线的重要意义上来，它不仅可以用来指导政府通过税收对经济市场进行干预，还让人能够更透彻地了解社会所处的状态。

我们在公路上看到一辆超载的货车，货车超载其实是很明显的。政府为了安全起见，对其自然是明令禁止的。尽管如此，超载现象却仍然屡禁不止，为什么呢？是因为交通费用的高昂抵销了微不足道的罚款，并没有动摇司机的根本利益。

而如果罚款将正常货运的利润全部抹杀掉，那么，直接导致的结果就是司机要么以更加严重的超载来赢得利润空间，要么干脆甩手不干了。因此，将公路收费调整到一个司机可以接受的范围内，是这个问题的解决方式。如果通过不超载就可以赚到钱，那么，谁还愿意冒着超载的危险呢？

一味地提高税率对于社会经济来说是有百害而无一利的，这跟杀鸡取卵没有任何区别。拉弗经济学的本质正是帮助政府制定出一个最佳的税收政策，避免竭泽而渔，从而达到两方互利的目的。

恩格尔系数与中产阶级

最近的十年里，我们的收入水平不断上涨，生活水平得到了大幅提高。不过，与工资一同水涨船高的还有物价水平。十年前的一碗牛肉面可能只要 3 元钱，如今最低也要 6 元一碗了；十年前，拿着 1000 元生活费，不仅够全家吃饱穿暖，还有剩余；如今的 1000 元只能养活一个人，还花不到月底。

看看文章的题目，现在我们要探讨的是恩格尔系数和中产阶级的关系。想要搞清楚两者的关系，就要清楚什么是恩格尔系数，它在经济领域能起到什么作用。

恩格尔系数指的是食品支出总额占个人消费支出总额的比重，用来衡量一个国家的富裕程度。说得再直白点，食品支出在消费支出总额中的比重越高，就说明这个国家越贫穷；反之就代表越富裕。大家可以设想一下，如果一个家庭所有的收入都拿来购买维持生活所需的食物了，那么，这个家庭也就谈不上什么诗和远方了。富裕的家庭应该是物质和精神同步的，他们往往更注重精神上的投资，如看话剧、去旅行、接受各种精英教育等，而不是仅仅满足于一日三餐，维持温饱。

反之，一个收入较低的家庭，温饱尚不能维系，其他方面的开支也就能省则省了。如果将范围扩大到一个国家，这个国家中的居民都有各自的家庭，恩格尔系数越高，就说明该国人民都去买牛奶和面包了，第三产业的发展也就相对滞后。

清华大学金融系副教授何平认为，汽车、家电等工业品的价格虽然一直在下调，但食品的价格却在不断攀升，这也在一定程度上导致了恩格尔系数的上升。保持这种消费结构不变的话，食品价格的上涨也会导致社会物价的全面上涨。

这个观点我们不难理解，经济链条是环环相扣的，一个环节出现问题，其他环节的问题也会随之而来。如果链条的中间环节是食物，百姓的生活也就更加艰难了。

德国统计学家恩格尔认为：一个家庭收入越少，家庭收入中或者家庭总支出中用来购买食物的支出所占的比例就越大，随着家庭收入的增加，用来购买食物的支出将会下降。

这里，有衡量家庭富足程度的两个计算公式：食物支出对总支出的比率（R1）= 食物支出变动百分比 / 总支出变动百分比。或，食物支出对收入的比率（R2）= 食物支出变动百分比 / 收入变动百分比。

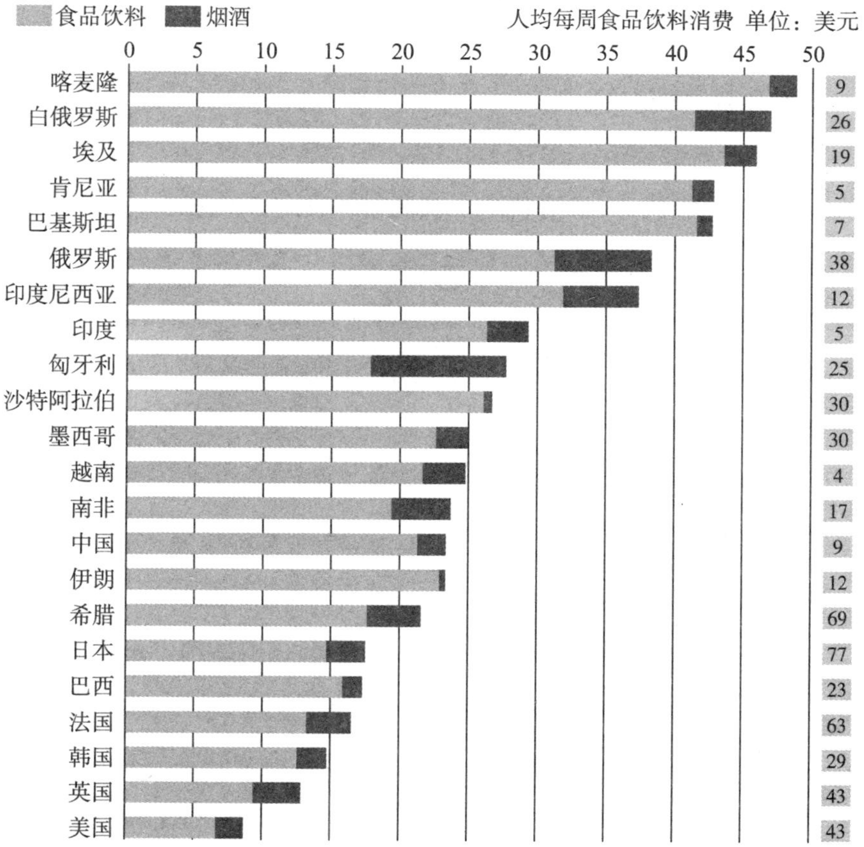

数据来源：美国农业部

22 国恩格尔系数统计图

一般情况下，一个国家的恩格尔系数如果大于 60%，则为贫穷；处于 50%~60%，则属于温饱水平；40%~50%，为小康；30%~40% 属于相对富裕；20%~30% 为富裕；20% 以下为极其富裕。

著名经济学杂志《经济学人》在 2013 年曾公布了一份全球范围内的 22 个国家关于恩格尔系数的报告。其中恩格尔系数最低的是美国。美国每周人均在食品饮料上面的消费大概是 43 美元，占收入的 7%；英国其次，每周人均在食品饮料上面的消费大概也是 43 美元，却占收入的 9%；中国人均每周食品饮料消费仅为 9 美元，却占人均收入的 21%。

如果参照恩格尔系数进行分析，显而易见，我们只需要稍做努力，很快就要步入富裕阶段了。但是事实真的如此吗？答案不言而喻，不是。按照《经济学人》杂志给出的数据，中国人均每周食品饮料消费 9 美元，折合约 55 元人民币。一周七天，每天三顿饭算下来，55 元，就相当于每餐只能吃不超过 2.6 元人民币的食物。大家觉得现实吗？

2.6 元能吃什么呢？估计只能吃馒头或者包子吧，而且要连着吃一周。即便是在三、四线城市，2.6 元也是无法吃饱的。

可是《经济学人》的数据错在哪儿呢？最微妙的不过是平均二字。众所周知，中国的人口基数大，两极分化严重，食物总支出除以庞大的人口数量，得出的这个数字也就不足为奇了。不过，从这个数字中我们也能看到一个事实：每周食物总支出低于 9 美元的人群数量还是非常庞大的。

经济学领域对中产阶级有着严格的界定：中产阶级指的是低层

次的“生理需求、安全需求”得到满足，且中等层次的“感情需求和尊重需求”也得到了较好满足，但不到追求高层次的“自我实现需求”的阶级。正是他们，占据了社会中的大多数。

虽然随着社会的发展，人民的生活水平得到了很大程度的提高和改善。但对于中国人来说，温饱问题虽然得到了解决，但却占据了我们总收入的很大一部分。除了吃喝外，住的问题也是必须要解决的。房屋贷款或租金，对于很多人来说，甚至有时要占自己收入的一半以上。

虽然种种数据表明我国已步入了小康社会，只有正在经历这一切的人才知道，我们距离真正的小康依然还有一段很漫长的路要走。

第十三课

经济学帮你做出正确选择

沉没成本影响下的取舍选择

沉没成本是指由于过去的决策已经发生了的，而不能由现在或将来的任何决策改变的成本。任何一件已经完成或半途而废的事情，都会涉及沉没成本这一概念。何为沉没成本？你在一件事情上耗费的时间、心力、感情，这些无法收回的支出，都算你的沉没成本。

沉没成本这一概念，被广泛运用于商业决策和经济学领域中。它的反义词是“可变成本”，可变成本指的是可以被改变的未发生的成本。而沉没成本指的则是已成事实的，无法改变的成本。

用一个简单易懂的例子来说：我们约朋友去一家新开的饭店吃饭，你点了一桌子的菜，却发现不是很合胃口。但是没办法，由于是从网上团购的，菜钱早已经付过了。所以，再难吃，也要硬着头皮吃完。当然，你也可以选择再去别处。无论怎样，你已经付过钱了，这就是你应当承担的沉没成本。

很多人在做一件事情的时候都说不在乎结果，只在乎过程。如果是好的结果，当然皆大欢喜，如果不是，我们必须要支付高昂的沉没成本时，应如何应对，成了一件至关重要的事情。

爱情如果遭遇经济学，就会变得十分冷静且理智。分手后的寻死觅活或飞蛾扑火不求回报的付出，从经济学角度上来说，是极其不明智的。为什么这么说呢？这就离不开投入与收益的关系了。

当恋爱关系正在维持时，你的付出自然会有回应，也就是收益。那时，你付出得越多，收益自然也会越多。但当你们的关系终结后，你就失去了“战场”。

恋爱其实好比一场赌博，赌桌上输赢无常，通常是几家欢喜几家愁。虽说输赢不定律，但绝处逢生前的悬崖勒马其实是非常有必要的，这是将损失降低到最小的唯一办法。炒股也是一样的道理，股票不停飘绿，你还会继续买进吗？一段结束的关系，一个不爱你的人，就好比这只股票，及时地抛售，才是明智之举。

有句古语叫“亡羊补牢，为时不晚”，不要纠结于之前的损失，止损才是当务之急。一只羊丢了并不可怕，一群羊都丢了，那你可就一无所有了。道理其实都懂，但涉及决策时，其实很多人都做不到完全抛开沉没成本。

有一位商人，他自诩精明，一直从事房地产行业，最近却栽在了一个亏本的楼盘上，这个楼盘已经花去了他数千万元。他在该楼盘价格最高的时候买入，却不承想，没过多久就赶上了房市大跌。此刻，他心里很清楚，即便楼盘建好后全部售出，他的成本还是无法收回。就此停手，考虑到已花出去的钱，心里还是觉得太亏。

于是，他选择铤而走险，心存侥幸。工程完工后，他的负债已达上亿元，最后他终因资不抵债，只得破产。

人生处处皆是选择，勿拿别人的过错惩罚自己。经济学认为，人要想做出最大化的选择，是离不开约束性条件的。这个约束性条件指的就是种种挫折，比如失恋，比如投资失败。

日常生活中，很多成功人士往往晚婚。这是他们以青春作为机会成本的结果，收获了事业，忽略了感情。其实，他们早在不经意间作出了选择，比起谈一段没有结果的恋爱，他们更愿意听一堂颇有见地的讲座，开一场高瞻远瞩的会议。

人生总会经历很多选择，现在的你，是过去选择的结果；而未来的你，则取决于你现在所做的事。“不撞南墙不回头”并非总是坏事，但我们首先要理智地判断，这件事是否还有坚持下去的必要。死守一个不会回头的人，坚持一项注定亏本的事业，从长远来看，损失掉的不只是美好的前途，还有重要的机遇。

风险承受理论与投资的选择

生活中充满了各种各样的投资。很多影视剧中都有这么一个桥段：熙熙攘攘的人群充斥在面积极大却依然拥挤的股票交易所里，他们有的外表鲜亮，有的眼含血丝，但是他们的目光中都充斥着期许与疯狂，自动忽略了其后可能随时出现的万丈深渊。

影视剧中往往有一些夸大虚构的成分，但是让人无奈的是，这个场景在现实生活中却是真实存在的，一夜暴富或是一夜血本无归的例子数不胜数。

大人总是这样教育他们的孩子：付出总会有回报的。然而当我们长大后才明白，不管我们如何殷勤地祈盼，付出了并不一定就能有同等的收益，甚至还会是不好的结局，因为这其中还有各种内因和外因是我们无力抗拒的，这个时候，我们就要有承受风险的准备。这个道理放在投资上也同样适用。

投资指的是特定经济主体为了在未来可预见的时期内获得收益或是资金增值，在一定时期内向一定领域的标的物投放足够数额的资金或实物的货币等价物的经济行为。换言之，投资就是投入钱财和精力，以求获得财产的累积，得到更大的利益。

一般而言，投资可分为实物投资、资本投资和证券投资。实物投资和资本投资是以货币投入企业，通过生产经营活动取得一定的利润。证券投资是以货币购买企业发行的股票和公司债券，间接参与企业的利润分配从而获得相应的收益。具体来说，投资的方向可以是储蓄、银行理财产品、股票、期货、外汇、债券、基金、房地产、保险以及黄金等方面，但是这些投资方向给投资者带来的收益却是不同的。外汇、股票等均是能带来高收益的投资，而储蓄、货币型基金等的收益则往往要低一些或是低很多。

知道投资的分类和收益高低了，下一步，我们需要做的就是评估，评估投资方向的风险以及我们自身的承受能力，从而决定选择在哪方面投资。

一切事物都具有两面性，在期许高投资回报的同时，我们需要做好面临风险的准备。许多投资者在选择投资方向的时候，往往只注重收益而忽略风险，殊不知，投资的风险和收益是成正比的，这个金科玉律是永恒不变的。

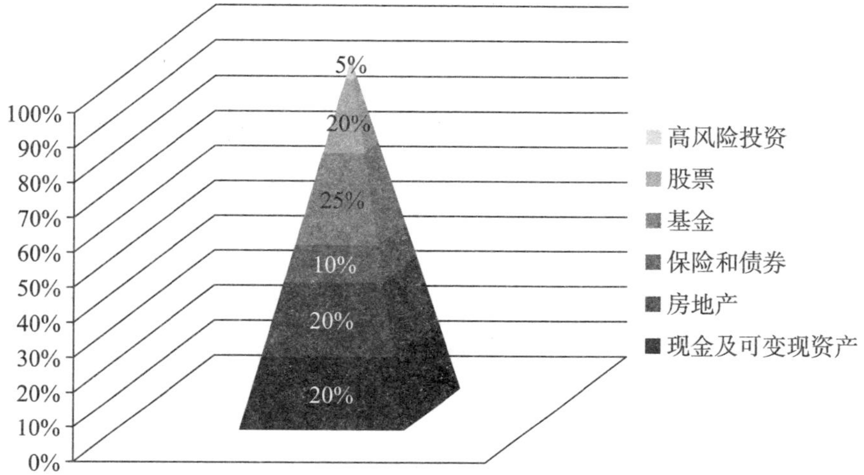

投资风险配比模型（非推荐）

根据投资标的物的不同，风险往往被划分为极低风险、低风险、较低风险、中等风险、较高风险、高风险。以极低风险为例，这类产品往往投资于货币市场及债券市场，而这类投资的收益要慢得多，或是低得多。也许有的人买过某某理财产品，收益不错，从来都没有发生过风险。然而，这并不代表风险不存在，仅仅只是他运气好，在他投资的阶段风险没有发生而已。无数事实告诉我们，绝对没有风险的投资选择是不存在的。

比如，我们办理了银行的定期存款业务，那么在我们和银行约定的期限内就不能提前支取，如果提前支取就只能获得活期利息，但是如果存满约定期限就能得到更高的定期利息。在这个过程中，我们就承担了流动性风险以及利率上调的风险等，而银行支付给我们的利息就是对我们承担风险的报酬。

当了解到投资选择的风险大小的时候，我们就需要认真客观、不存一丝侥幸地评估一下自己和家庭的风险承受能力，也就是你能承受多大的投资损失而不至于影响正常生活。而估量风险承受能力要综合衡量，与个人心理、资产状况、家庭情况、工作情况等都有关系。比如，一个有 1000 万元存款的人可以承担 10 万元的亏损，但是一个资产只有 10 万元的人却觉得亏损 1 万元都无法承受。

在市场不好的时候，股票可能一整年的收益率都是负的，而几个月或者几周内的波动就更大了。“股市不是银行。如果你没有富余的钱，就不要玩。不考虑生活的股民不是成熟的股民。不少中国股民都没有搞清楚这一点，把所有的钱都投进去了，结果输了，就自杀。”号称“股市不倒翁”的杨百万接受采访时曾说过这样一段话。

许国鸿或许根本就没有听过这段话，但他的经历却是这段话的最佳诠释。许先生是一个手中曾经掌握几百万股资又瞬间亏光的职业炒家，在他的身上发生了很多让人难以想象的事情，如他亲手掐死了被自己称作“无价之宝”的女儿，之后又前往云南自杀。而这些行为的诱因就是他没有正确摆正投资选择与风险承受的关系，高估了自己的风险承受能力。他的一生在股市中起起伏伏，但是却最终被浪打翻，永远地沉没了。

我们总是对未来有着更加美好的期许，因此生活中少不了各种投资理财。面对形形色色的投资产品，面对着花样繁多的投资方向，我们必须树立正确的风险意识观。市场不是一台专供投资者获取暴利的“提款机”，风险无处不在、无时不在，我们必须要有较强的风险承受能力和自我控制力。

是投资，就会有面临风险的可能，因此对于投资者来说，对未来收益的预期要有一个平和的心态，只有合理地设定预期，选择适合自己风险承受能力的投资方向，才可能实现风险可控、理性持续的投资收益。

机会成本帮你告别致命犹豫

选择充斥在我们生活中的每时每刻：走到十字路口处，我们要决定是向左还是向右；高跟鞋和平底鞋，总要选一双穿出门；面临两个追求者，你总要选择其中一位与之交往；学英语和法语，也是个选择题……

有选择就意味着有放弃，有放弃就意味着有成本。被你放弃的这部分叫作机会成本，我们在前面已经提到了，现在再来巩固一下。机会成本是指为了得到某种东西而所要放弃另一些东西的最大价值。当然，这个概念也可以理解为在面临多方案择一决策时，被舍弃的选项中的最高价值者就是本次决策的机会成本。

有选择就有机会，有机会也代表着有陷阱。并非所有的选择都是我们自主选择的结果，很多时候，我们都是被动选择者。

17世纪，英国剑桥住着一位名叫霍布森的商人。霍布森靠养马为生，十分精明。不过，再精明的人也有遇到烦恼的时候，比如现在：他养的马优劣分化很严重，它们有好有坏，良莠不齐。租马的人自然只挑好马租，但好马的数量毕竟有限。长此以往，上等马被累得气喘吁吁，下等马却在马棚里悠闲地打着瞌睡。

不过，办法总比困难多。苦思冥想后，他想到了一个办法。表面上，他虽然放出所有的马供大家挑选，但有一个前提，顾客只能挑选最靠近门边的那匹。这样一来，每批马都有被租出去的机会了，不仅上等马可以得到休息，中下等马也不用一直闲置在马棚了。

但制定了这样的租售规则后，顾客实则没有别的选择了，因为对于他们而言，摆在面前的选择都是唯一的。而这个故事，则被诺贝尔奖获得者西蒙称为“霍布森选择”，指的是生活中那些没有选择的选择。

如果你以为故事仅限于娱乐，没有现实意义，那就大错特错了。为什么要给大家讲这个故事呢？因为，我们在生活中经常会面临那些没有选择的选择，即“霍布森选择”，只是你还没有意识到，稍不留神极有可能会掉入陷阱当中。

职场上，你的顶头上司，或能直接接触到的领导是不是经常向你鼓吹他是一个非常民主的人，让你勇于提意见，放手大胆干。你信以为真，于是在接下来的一段时间里，你备受挫折。因为他每件事都要过问，无论什么决定都要先向他出示可行性分析，你毫无决策的自由可言。而他所说的民主，简直就是天方夜谭。

或者，你们面临着主任一职的空缺，正常程序是面向社会招聘，让那些最具资历的人来担当。但领导呢，坚持扶植自己的势力，只从公司内部“矬子里拔高个儿”，选拔的结果也就可想而知了。还有公司所谓的头脑风暴大会，选拔出来的结果总是和领导脑中的事先构想一致。作为领导，要广泛吸取员工的意见，才能最大限度地发挥其作为主管创造性，为公司注入新鲜的生命力。

生活中这样的例子还有很多，面临“霍布森选择”时，我们要学会鉴别，以免掉入看似美貌的陷阱之中。

与霍布森选择相对应的还有布里丹选择。这里，也有个典故。

有一天布里丹牵着他的小毛驴去吃草，就在他带着小毛驴来到左边的草地时，他突然看到右边的草更加茂密，于是，他不假思索地牵着驴子来到右边的草地上。到了右边，他又看到远处有更大的一片草地。就在他犹豫不决的时候，驴子饿死了。

一个小村庄，最近遭遇了洪水的袭击。灾难中获救的农夫却怎么也高兴不起来。有村民不解地问他："你明明获救了，为什么不开心呢？"他说："我怎么能开心得起来呢，我虽然获救了，可我的妈妈和老婆都被洪水冲走了。"村民更不解了："听说你水性很好啊，为什么不救她们呢？"农夫突然伤心地号啕大哭起来："我本来有机会救她们中的一人的，可是我一直在救老婆和救老妈之间犹豫不定，眼看着她们两个都被冲走了，想去救也来不及了。"

其实，这些问题用机会成本的概念来衡量就很好解释了。对于农夫来说，如果只能选择一个的话，就要考虑机会成本的问题了。无论结果怎样，犹豫不决对他来说，损失都是最为惨重的。选择老婆或者选择母亲，他只失去一位亲人；而谁都不选的话，他失去的却是所有。而布里丹的处境也是如此，无论是选择左边的草地还是右边的草地，他损失的不过是草更多的那一片，而犹豫不定的话，饿死的是他的毛驴，可谓是损失惨重。

"用兵之害，犹豫最大；三军之灾，生于狐疑。"这句话也说出了犹豫不决的危害性。在沙场上纵横一生的亚历山大是如何征服世界的呢？他的回答是："我只是毫不犹豫地去做这件事。"

在面临选择时，要杜绝扼杀创造力的"霍布森选择"，也要避免让人陷入犹豫境地的"布里丹选择"。如果在选择中感到迷茫与无助，不妨理性地利用机会成本的相应理论来做出选择。毕竟，每一次选择都是一次机会，我们要通过不同的选择来提升自己，让自己越来越接近心中的既定目标，而不是不断地失去自我。唯有理性分析，勇于尝试，才能在利益最大化的前提下，找到自己的人生定位。

如何衡量一件事值不值

生活中，我们经常会被问到值与不值的问题，有的时候答案就在我们心里，有的时候连我们自己也无法衡量。

当你喜欢一个人的时候，你不管对方是否对你投来冷言冷语，也不理会旁人的不解和嘲笑，依旧倾尽所有地付出。当你遍体鳞伤的时候，你找来朋友与你一起借酒浇愁，这时他会问你："你这样到底值不值？"

当你工作的时候，上级给你安排了一大堆工作，而你的薪资却少得可怜。于是，你日以继夜地工作，朋友想见你一面都难。最后，尽管你已经非常努力，但工资卡上的数字却分外刺眼，隔壁单位的小刘每天只是刷着微信，打着电话就赚得比你多。这时候，值与不值的问题再一次萦绕在你的心头。

邻居家的大哥拥有自己的农场，凭借着先进的经营理念，生意被他打理得风生水起。但他却并不满足现状，征服了一项事业，就想向另一项事业进军。于是，他放弃了以往熟悉的种植业，改做起了外贸。什么都不懂的他，数年间赔了好几百万元。别人问他："你说你放弃了多年的事业，去做一个从未做过的事，还因此赔光了自己的积蓄，到底值不值啊？"大哥只是笑了笑没有说话。

值不值这个问题看似浅显，实则非常深刻。因为，它从不同的角度来进行考量会有不同的结果。追求一个人，被拒绝，却继续执着无法重新开始。这个问题如果用沉没成本和机会成本的理论来分析，显然是不值得的。因为，已经付出的时间和精力是无法追回的，爱情又是两情相悦的事情。显然，为了一个不可能的结果，毫无理智地持续付出更多，这种行为是换不回一个满意的结果的。如果在这个过程当中，你遇到了更适合自己的对象，却因沉浸在上一份感情之中无法自拔，那么势必你也要失去当下这一更好的选择了。无论怎么分析，你的这份一厢情愿的坚持都是不值得的。当然，感情的事情没有值与不值，因为它就不是一件理性的事情，所以用理性的目光来看待，必然会得出一个冰冷的结论。

再来说说很多女生为之尖叫的天价奢侈品吧，客观评价，那些奢侈品牌的服饰、包包的确是做工精良，款式新颖，能代表一个人的品位与社会地位。但若论及值与不值的问题，就要了解价值与价格之间的关系。

什么是价值？“价值”就是凝结在商品中无差别的人类劳动，即产品价值。拿高档的衣服来举例，衣服的材质，上面的手工刺绣，在此上面花费的时间成本，这都是价值。而价格呢，则是商品价值的货币表现。一件世界级限量品牌的高级定制虽然奢华高端，但能否配得上上千万的天价，还需进一步探讨。

说了半天，如何用最低廉的价格获得最有价值的东西，相信也是大家想了解的。那就要引入有关“性价比”的概念了。性价比全称是性能价格比，是一个性能与价格之间的比例关系。换言之，性价比越高，这件东西买得越值；反之亦然。

在消费中注重性价比的作用，是理性消费的表现。当然，再理性的消费遇到所谓的面子问题时也会有选择失误的时候。

孙凤教授指出，那些酒桌上的铺张浪费，商品包装上的崇尚奢华，都是背离了价值与价格的对等关系的不理智消费。

但很多时候，我们花了很多钱购买的东西却未必是最好的，最让自己喜欢的。对于很多价不副实的东西，总有人要忍不住吐槽它是只有价格，没有价值。除了部分商家的诚信出了问题之外，我们也要对自己不理智的消费方式进行反思。

衡量一件事情值与不值并不只对经济能力一般的普通百姓有意义，对所有人来说都同等重要，毕竟财富不是一天积累下来的，也不是不费吹灰之力就能获得的。因此，我们守住自己的劳动所得，不被别有用心之人剥夺是至关重要的。

因此，衡量一件事情值与不值就要将价值与价格的关系考虑进来。而作为消费者的我们，要选择同等价值中价格最低者，也要选择价值与价格对等的物品来购买，不要让虚荣心成为盲目消费的主谋。

冲动性消费与“酷抠族”

冲动性消费是指顾客在外界因素促发下所进行的事先没有计划或者无意识的购买行为。冲动性消费具有事前无意识、无计划以及外界促发下形成的特点。这样说来，我们每个人都有冲动性消费的经历。

逛商场的时候，爱美的女生买不买都爱逛逛服装店。被售货员热情地拉着试了一件又一件，镜子经过特殊处理，照得人无比高挑，灯光把人照得很白皙。就这样，那些暂时不需要的，或者根本就不适合自己的衣服被一件件地带回了家。到了家之后，再穿上那些衣服给家里人看，得到的结论往往截然不同。看着镜子中的自己，瞬间就没了刚才的精气神儿。于是，又一件衣服被打入了冷宫。

“酷抠族”是指拥有高学历、较高收入的人群，他们精打细算地过日子，通过转移消费重点，更好地配置有数的金钱，追求简单的生活、自然的幸福，摒弃奢侈消费，在不影响生活质量的前提下，用最少的钱获取最大的满足感。

在这里大家要区分酷抠族和守财奴的不同之处。酷抠族不是守财奴，他们倡导的是精明理性消费。理性消费不是抑制消费，而是有计划、有目的地消费，培养出正确、完善的理财能力。

杨思群是国内专门研究投资和消费的经济学者，他认为中国过去几年的实际利率（剔除通货膨胀率后，储户或投资者得到利息回报的真实利率）在比较长的一段时间内，特别是2000年之后，很多时候都是负数的。这说明受通货膨胀的影响，国民的购买力水平在逐步下降，储蓄的投资收益并不理想。

十多年前，在他的研究领域内出现了一个反常的现象。我国储蓄利率在很长一段时间内都是非常低的，但让人奇怪的是，储蓄额却在持续增长。最让他好奇的是居民的钱是从哪儿来的。

随着80后、90后的消费能力不断增强，我国居民的消费热情持续高涨。当然，中华民族素以节俭为传统美德，我们也不能低估那些生活习惯简朴的居民所占的比例。在这些人中，最具代表性的当属酷抠一族了。

香港电影《悭钱家族》里描绘了这样的场景：总有一群人，他们的衣服是从店里租来的；洗澡要去公共浴所；经常去超市里吃试吃的食品；出门时故意蹭两站公交车，能不买票就不买票，实在被检票员赶下车就步行去公司。而现实生活中的酷抠族可比电影中的要高大上得多。怎么说呢？他们不是小气鬼，只是将理性消费的观念发挥到极致的一群人。与月光族相比，信奉“节约光荣，浪费可耻”的酷抠族明显贯彻了艰苦奋斗的思想精髓。

看到这里，不少人会说了，酷抠族既然这么节俭，他们一定很穷吧？并不是，他们都有着较高的学历和不菲的收入。对于他们来说，节俭并不意味着生活开支的节省，更是一种生活智慧的体现。花最少的钱，买到最有价值的东西，为自己带来最大限度的享受，不得不说的确是需要技术含量的。毕竟，未雨绸缪的想法谁都有，但真正能够做到的却是少之又少。

小刘是一家知名企业的管理人员，年仅29岁就当上了公司的中层领导，主要负责企业管理，每个月都有着数万元的高收入。越有钱的人越抠，这话说得真没错。就在我们以为他拿着这笔不菲的收入过着滋润生活的同时，却得知他已经在一间城郊的出租屋里，和一群学生度过了近三年的时光了。

这是一间两室一厅的房子，每个卧室都放有两张床，共住着四个人，每个人每月的房租仅为200元。其他舍友对他的印象并不局限于他的年轻有为，事实上，其他人并不知道他是从事什么职业的。让大家印象深刻的反倒是他近乎疯狂的节俭习惯：他每天都要用很长的时间将自己的暖水瓶放到水管下，然后将水管拧至水表无法识别的程度，把自己的水壶滴满。

关于买房，小刘的想法也是很极端的。工作7年了，他的个人积蓄已经攒了快50万元了，准备为自己购入一套房子。近一年的时间里，他一直在看房，几乎快把附近的楼盘及价格倒背如流了。

但眼瞅着房价越来越高，他的那点积蓄简直就是杯水车薪。对此，小刘表示自己是一定不会按揭贷款来买房的。如果女方坚持要有房才能结婚，那就让她和别人结去吧。

而同屋的三个学生，异口同声地感叹道：“他这个人这么怪，真不知道什么人会和他成为朋友！”

相对于一次冲动消费，酷抠族显得理性得多。理性归理性，他们的这种行为可取吗？凡事过犹不及，节俭是传统美德，要是过于节俭，且把节俭作为人生的首要追求，那就得不偿失了。毕竟，节俭和吝啬只有一线之隔，过了那个临界值，美德也就变了味道。

过分的铺张或节俭，相信无论是对于同事还是朋友来说，无疑都是一种负担。有的时候，财富不是积累的结果，如果将节流的智慧运用到开源当中，相信也会有不小的收获。

最后，我们还是要树立一个合理的消费观念，不做月光族，但也不要做纯粹的酷抠族。我们要将钱花在刀刃上，该花的绝不马虎，不该花的多一分也不要浪费。做到既不委屈自己，也不放任自己，有原则，有计划，从而营造一个快乐的人生。

图书在版编目（CIP）数据

恶补经济学的第一本书 / 刘文秀著 . —2 版 . —北京：中国法制出版社，2020.12
ISBN 978-7-5216-1495-4

Ⅰ . ①恶…　Ⅱ . ①刘…　Ⅲ . ①经济学—通俗读物
Ⅳ . ① F0-49

中国版本图书馆 CIP 数据核字（2020）第 240097 号

策划编辑：郭会娟（gina0214@126.com）
责任编辑：郭会娟　刘　悦　　封面设计：汪要军

恶补经济学的第一本书
EBU JINGJIXUE DE DI-YI BEN SHU
著者 / 刘文秀
经销 / 新华书店
印刷 / 三河市国英印务有限公司
开本 / 710 毫米 ×1000 毫米　16 开　　印张 / 14　字数 / 208 千
版次 / 2020 年 12 月第 2 版　　2020 年 12 月第 1 次印刷

中国法制出版社出版
书号 ISBN 978-7-5216-1495-4　　定价：42.80 元

值班电话：010-66026508
北京西单横二条 2 号　邮政编码 100031　　传真：010-66031119
网址：http://www.zgfzs.com　　**编辑部电话：010-66073673**
市场营销部电话：010-66033393　　**邮购部电话：010-66033288**
（如有印装质量问题，请与本社印务部联系调换。电话：010-66032926）